吉林外国语大学学术著作出版基金资助出版

中国书籍学术之光文库

知识型员工创新行为的影响机制研究
以创新导向、组织氛围为视野

李建军 | 著

中国书籍出版社
China Book Press

图书在版编目（CIP）数据

知识型员工创新行为的影响机制研究：以创新导向、组织氛围为视野/李建军著 . —北京：中国书籍出版社，2019.12

ISBN 978-7-5068-7795-4

Ⅰ.①知… Ⅱ.①李… Ⅲ.①企业管理—人事管理—激励—研究 Ⅳ.①F272.92

中国版本图书馆 CIP 数据核字（2020）第 008207 号

知识型员工创新行为的影响机制研究：以创新导向、组织氛围为视野

李建军　著

责任编辑	姚　红　刘　娜
责任印制	孙马飞　马　芝
封面设计	中联华文
出版发行	中国书籍出版社
地　　址	北京市丰台区三路居路 97 号（邮编：100073）
电　　话	（010）52257143（总编室）　（010）52257140（发行部）
电子邮箱	eo@chinabp.com.cn
经　　销	全国新华书店
印　　刷	三河市华东印刷有限公司
开　　本	710 毫米×1000 毫米　1/16
字　　数	154 千字
印　　张	12
版　　次	2019 年 12 月第 1 版　2019 年 12 月第 1 次印刷
书　　号	ISBN 978-7-5068-7795-4
定　　价	89.00 元

版权所有　翻印必究

目 录
CONTENTS

第1章 绪 论 ………………………………………………… 1
1.1 研究问题的提出 …………………………………………… 1
1.2 研究目的和意义 …………………………………………… 5
1.3 研究内容和方法 …………………………………………… 7

第2章 相关理论研究综述 …………………………………… 10
2.1 工作动机理论 ……………………………………………… 10
2.2 员工激励理论 ……………………………………………… 19
2.3 相关研究综述 ……………………………………………… 33
2.4 本章小结 …………………………………………………… 71

第3章 研究模型构建与假设提出 …………………………… 73
3.1 研究变量概念的界定 ……………………………………… 73
3.2 研究框架模型的建立 ……………………………………… 86
3.3 影响关系假设的提出 ……………………………………… 91
3.4 本章小结 …………………………………………………… 100

1

第4章 研究方法设计 ·········· 102
4.1 调查问卷设计 ·········· 102
4.2 数据收集与样本 ·········· 106
4.3 研究变量度量 ·········· 109
4.4 信度和效度检验 ·········· 120
4.5 数据分析方法 ·········· 126
4.6 本章小结 ·········· 128

第5章 数据分析与结果讨论 ·········· 129
5.1 描述性统计分析 ·········· 129
5.2 多元线性回归分析 ·········· 131
5.3 结果分析与讨论 ·········· 145
5.4 本章小结 ·········· 155

第6章 结论及展望 ·········· 156
6.1 研究的主要结论 ·········· 156
6.2 研究贡献与启示 ·········· 158
6.3 研究的创新性成果 ·········· 161
6.4 研究局限与展望 ·········· 163

参考文献 ·········· 165

第 1 章

绪　论

政治经济学家约瑟夫·熊彼特（Joseph Alois Schumpeter）在其著作《经济发展理论》中曾指出，创新是创建一种新的生产函数，并引入生产体系；它不同于技术发明，而是将技术变革引入经济组织；创新是经济发展的直接动因（熊彼特，1990）①。在社会经济发展过程中，企业是创新的主体，企业中的知识型员工是创新的核心力量，如何促进知识型员工开展创新行为活动是推进企业创新、社会创新的关键问题。尤其是在国家实施创新驱动战略环境下，探讨企业创新导向战略环境下知识型员工创新行为的影响作用关系就显得尤为重要。

1.1　研究问题的提出

1.1.1　实践问题

近几年，全球经济增长速度恢复缓慢、复苏脆弱失衡、结构改革举步维艰，世界各主要经济体纷纷施展良策，意图寻找新的经济增长点，培养经济增长新动力，创新驱动成为不二之选。面对极为复杂严峻的全球经济环境，中国共产党第十八次全国代表大会明确提出，坚持解放思想、改革创新，抓住重要战略机遇期，在全面建设小康社会进程中推进实践创新、理论创新、制度创新，着力增强创新驱动发展新动力，全面深化经济体制

---

① ［美］约瑟夫·熊彼特. 经济发展理论 [M]. 北京：商务印书馆，1990.

改革，实施创新驱动发展战略，加快步入创新型国家行列。2016年政府工作报告中也指出，创新是引领发展的第一动力，必须摆在国家发展全局的核心位置，未来五年国家将依然强化创新引领作用，深入实施创新驱动发展战略，不断迈进创新型国家和人才强国行列。可以看出，目前我国政府已经从国家层面提出了"大众创业、万众创新"的发展方针，从战略层面提出了创新驱动发展战略，为整个创新驱动经济发展提供良好的外部环境。

如今，全球经济已经由传统农业经济、工业经济向知识经济转变，对知识资源的获取、利用及开发已经成为经济增长的重要途径。在国家实施创新驱动战略环境下，企业作为国家经济发展的重要构成组织，实施创新导向战略也成为其不容推辞的责任，同时也是其自身持续发展、获取竞争优势的唯一选择。随着经济全球化的飞速发展，企业生存环境发生了巨大变化。(1)市场竞争压力越来越大。随着市场开放程度日益扩大，全球范围内同类企业同台竞技，潜在进入者也虎视眈眈，市场竞争变得愈演愈烈。(2)产品研发压力不断增大。科技日新月异，技术更新速度越来越快，技术标准也不断更新换代，同业新产品纷至沓来，企业产品更新面临较大压力。(3)顾客需求压力持续加大。随着顾客消费经验的不断增加以及产品选择自由程度加大，顾客需求呈现出个性化、动态化和多样化的趋势，准确获取顾客需求成为难题。(4)资源环境约束不断加剧。随着环境恶化不断加剧、资源稀缺日益凸显，自然环境和经济社会对企业的资源环境约束不断加紧。这些问题都迫使企业不得不寻找维持生存和发展的竞争优势。此时，创新亦然成为不二选择。奥弗尔（Afuah, 1998）就曾指出，创新是企业获得以及维持自身竞争优势的关键，丧失这一能力必定会导致企业失败。由此可以看出，面对激烈的全球市场竞争，企业需要应对外部复杂多变的经营环境，塑造自身创新和商品化新技术的能力与流程，提升"全球创新"能力（Porter, 2001）。

尽管企业是创新的市场主体，但是创新的根源却存在于企业员工的身上（刘云，2010）①，而知识型员工则更是企业实施创新导向战略的核心力量。知识型员工在组织中能否有效地开展个体创新行为活动，是影响企业创新能力的重要因素。莎莉（Shalley，1995）就曾指出，知识型员工创新行为是组织创新的核心要素，是推动组织创新的基础力量。那么，如何来促进知识型员工的创新行为呢？目前，为了激发知识型员工创新热情、促进开展个体创新活动，大多数企业专注于完善基础设备建设、改善员工工作环境、提高工作薪酬待遇、提升生活福利水平等营造组织氛围方面，然而收效不佳。这主要是因为很多管理者缺乏对知识型员工创新行为影响因素的深入认识，不清楚创新导向、组织氛围对知识型员工创新行为的影响机制。在创新导向战略环境下，为了促使知识型员工产生创新行为活动，需要对以下问题进行探讨：（1）企业实施创新导向战略、营造良好的组织氛围是否对知识型员工创新行为产生影响？（2）在创新导向、组织氛围对知识型员工创新行为影响过程中，是否存在其他因素的中介作用呢？其影响机制是什么？（3）如果存在中介因素，那么这些中介影响因素的作用有多大，中介因素之间是否存在差异呢？

1.1.2 理论问题

为了解决上述企业管理实践问题，本研究对影响知识型员工创新行为的相关研究文献资料进行了梳理分析。通过研究文献资料汇总分析发现，目前有许多学者对员工个体创新行为进行了相关探讨。一部分学者建立了影响员工创新行为的研究模型。比如，阿玛贝尔（Amabile，1983）提出的创新力成分模型，认为专业领域的技能、创造力相关技能以及员工的工作动机等三个方面的基本因素影响员工的个体创造力。其中，专业领域技能

---

① 刘云. 组织创新气氛对员工创新行为的影响过程研究［D］. 上海：上海交通大学安泰经济与管理学院，2010.

主要包括专业知识、技术技能以及特殊才能等，创造力相关技能主要包括适当的认知风格、有益的工作风格以及探索知识产生新奇想法等，工作动机主要包括工作态度和工作个人动机感知。阿玛贝尔（1988）又提出了创造力过程模型，分析了内在工作动机、工作领域技能和创造性技能对个体创造力行为过程的影响作用。斯科特（Scott）和布鲁斯（Bruce）（1994）从相互作用的角度提出了个体创新行为的假设模型，认为个体创新行为是个体、领导、工作团队和创新氛围四个系统相互作用的结果。另一部分学者的研究则是更多专注于员工创新行为的影响因素及作用关系，主要是从个人特征（Shalley，1991；Oldham 和 Cummings，1996；Zhou，2007 等）、领导行为（Tierney，2003；Amabile，2004；George，2003 等）、组织文化（Woodman，1993；Claxton，1997；Anderson 和 West，1998 等）、工作氛围（刘云，2010；甄美荣，2012；Amabile 等 1996）、工作特征（Farmer，2003；Shalley，2009；Bunce 和 West，1994 等）、团队特征（Shin 和 Zhou，2007；Hirst，2009 等）、关系网络（Perry-Smith，2006；Zhou 等，009）、人与环境匹配（Scott 和 Bruce，1994；孙健敏和王震，2009；刘云和石金涛，2009）等方面来进行研究。

　　经过对员工创新行为相关研究的梳理归纳总结发现，虽然阿玛贝尔（1983）等学者对员工创新行为的影响因素及作用关系进行了大量的研究，但是仍存在一些局限和需要完善的空间。首先，许多学者虽然探讨了个体、工作和组织三个层面要素对员工创新行为的影响作用关系，但是缺乏系统深入的综合分析，并未涉及组织战略、工作氛围对员工创新行为影响作用关系的全面分析；其次，虽然阿玛贝尔（1983，1988，1996）、斯科特和布鲁斯（1994）等学者提出了员工创新行为的影响作用模型，但是目前来看还是比较散乱，缺乏规范的理论基础，没有对不同层面的前置因素进行深入探讨，不了解各影响因素对员工创新行为的作用机理，存在影响作用黑箱；最后，现有研究在对影响员工创新行为各前置因素的重要性方面还比较匮乏，很少有学者对不同前置因素的影响作用进行效应分析。可以看出，目前有关组织战略、工作氛围对员工创新行为影响作用的理论研究方面还存在一些空白，需要做深入的理论探讨和科学的实证检验。

1.2 研究目的和意义

1.2.1 研究目的

为了解决上述企业管理实践问题、弥补学术研究理论缺陷，结合对员工创新行为相关领域文献资料研究的省思，本研究将通过对工作动机、员工激励及创新行为等相关理论和研究内容的梳理归纳，明确本研究的理论基础；基于对各相关变量的概念界定，依据社会控制理论内容、心理学"S-O-R"模型研究范式，本研究从外在控制层面上重新界定创新导向和组织氛围变量，从内在控制层面上提炼出影响知识型员工创新行为的中介变量，构建出外部环境、心理状态和个体行为三个层面的影响作用机制模型，提出相关研究假设；并在此基础上，通过大样本数据采用多元线性回归分析方法对本研究提出的影响关系模型进行定量分析检验。具体来看，本研究将试图解决以下三个问题：（1）依据社会控制理论，提炼出创新导向、组织氛围影响知识型员工创新行为的中介变量；（2）依照"S-O-R"模型研究范式，剖析外部环境、心理状态和个体行为三个层面的影响作用机制，深入探讨创新导向、组织氛围对知识型员工创新行为的影响作用关系；（3）通过大样本数据对所提出的影响作用关系模型进行实证检验，提出相关的企业管理借鉴。

1.2.2 研究意义

本研究针对企业创新管理实践出现的重要问题，结合员工创新行为理论研究存在的缺失之处，对创新导向、组织氛围影响知识型员工创新行为的作用机制进行实证研究具有重要的实践意义和理论价值。

（1）实践意义

目前，我国正处于创新型国家建设的关键时期，企业是创新驱动战略的重要实施主体，知识型员工是执行企业创新导向战略、推动创新型国家建设的核心力量。然而，目前许多企业注重创新导向战略下的组织氛围建设，对创新导向、组织氛围影响知识型员工创新行为的作用机制还不清楚，对各种不同因素影响员工创新行为的作用关系还缺乏清晰的认识。在此背景下，本研究依照社会控制理论和心理学研究范式，提炼出创新导向、组织氛围对知识型员工创新行为的中介影响因素，剖析不同层面因素对知识型员工创新行为的影响作用关系，无疑将能够满足企业管理者促进知识型员工创新行为、提升企业整体创新实力的迫切需求，对于企业实施创新导向战略、我国建设创新型国家都具有重要的实践意义。

（2）理论意义

员工创新行为是创新管理领域一个重要的研究方向。在现有理论研究中，对于创新导向、组织氛围影响员工创新行为的作用机制还缺乏深入系统的研究，对多层面影响因素缺乏整合研究，缺乏对不同影响作用关系路径的重要性进行分析。基于对这些研究缺失的补充，本研究将依据社会控制理论、"S-O-R"模型研究范式，提炼出关键的中介影响因素，构建出三个层面的影响作用关系模型，并通过大样本数据进行实证检验。这些研究工作将能够挖掘员工创新行为的重要中介因素，明确创新导向、组织氛围对员工创新行为的影响作用机制，有助于更加清晰地探明员工创新行为的产生机制，有利于拓宽员工创新行为研究的领域和范畴，具有较高的学术理论价值。

1.3 研究内容和方法

为了解决上述理论和实践问题，达成本研究的目的，实现本研究的意义价值，本文对研究的内容进行了详细、规范的安排，并采用科学、严谨、规范的方法来确保本研究的顺利实施。

1.3.1 研究内容

依据本研究提出的实践和理论问题及欲要达到的研究目的，本文将主要从相关理论研究综述、基本概念界定、设计研究框架模型、构建影响关系假设、研究方法设计、样本数据检验等几个方面来实现本研究内容安排。基于此，本文的研究内容共分为6章，具体内容如下：

第1章 绪论：本章根据企业员工创新行为管理实践问题和学术理论研究空白，提出本研究的主要问题，阐明研究目的和意义，解释研究内容和方法。

第2章 相关理论研究综述：针对本研究提出的实践和理论问题，本章将通过对工作动机、员工激励以及创新行为等相关理论及文献的回顾、梳理、归纳和分析，为后续研究提供翔实的理论基础。

第3章 研究模型构建与假设提出：本章将在相关理论研究综述的基础上，对创新导向、组织氛围、价值观契合、心理授权以及知识型员工创新行为进行概念界定，并依照社会控制理论、"S－O－R"模型研究范式剖析创新导向、组织氛围对创新行为的影响机制，构建相关影响作用关系假设模型。

第4章 研究方法设计：为了实现对上文所提作用关系模型的检验，本章进行了问卷设计，开发出正式的调查问卷，进行了样本数据收集整理和初步分析，对研究变量量表进行了选择，利用样本数据对量表信度和效度进行了检验，介绍了本研究所使用的数据分析方法，为假设关系检验提供前提。

第5章 数据分析与结果讨论：本章对所要使用的样本数据进行了描述性统计分析，检验了样本数据的离散程度、分布情况，以及变量间的相关性问题；采用多元线性回归分析方法对作用关系进行了检验，并对其结果进行了分析和讨论。

第6章 研究结论及展望：本章将对本研究的主要结论进行归纳总结，重点阐述本研究的重要贡献和对企业的管理启示，并指出本研究存在的不足之处以及后期研究的主要方向。

1.3.2 研究方法

本研究基于工作动机、员工激励和创新行为相关研究理论及研究文献资料，在对变量界定、机制剖析、关系假定和定量检验的过程中，将采用二手资料分析、对比分析、逻辑推演、思辨性归纳、定性调研、一手资料收集以及统计分析等科学方法，在注重先进理论方法应用的同时，还将充分考虑员工创新行为管理实践，注重理论与实践紧密结合、定量同定性综合检验、规范和实证统筹兼顾的方法选择和设计，以此来实现提炼知识型员工创新行为的中介影响因素、剖析各因素间的影响机制、提出各研究变量间的影响关系假设、设计检验关系的研究方法、定量检验影响因素间的关系假设，从而保证本研究能够顺利、科学、规范地实施。

具体来看，本文在相关理论及研究综述部分，采用了二手资料分析、对比分析和思辨性归纳等方法；在研究模型构建和假设提出部分，采用了二手资料分析、逻辑推演、思辨性归纳等方法；在研究方法设计部分，采用了二手资料收集、逻辑推演、思辨性归纳、深入访谈、因子分析等方法；在数据分析与结果讨论部分，采用了逻辑推演、思辨性归纳、描述性统计分析、相关性分析、多元线性回归分析等方法。本研究的技术路线如图1.1所示。

第1章 绪 论

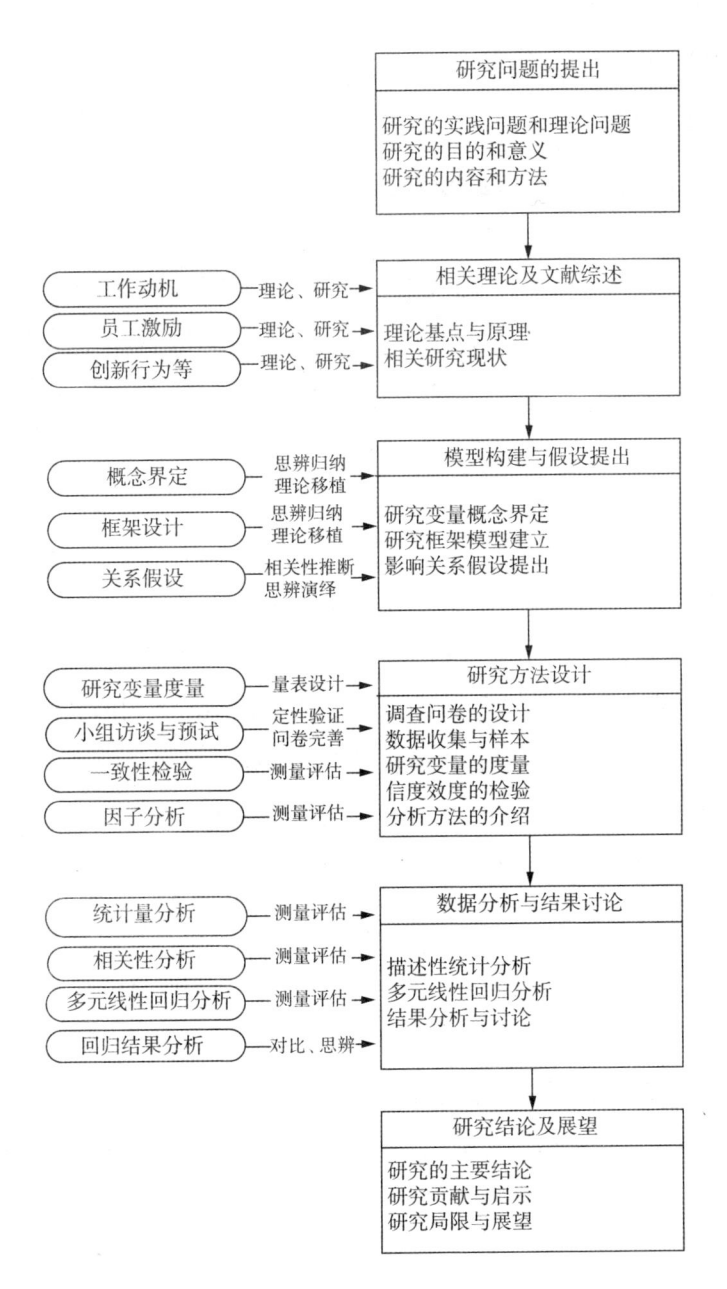

```
                                    ┌──────────────────────┐
                                    │    研究问题的提出      │
                                    ├──────────────────────┤
                                    │ 研究的实践问题和理论问题│
                                    │ 研究的目的和意义       │
                                    │ 研究的内容和方法       │
                                    └──────────┬───────────┘
                                               │
  ┌────────┐                                   ▼
  │ 工作动机 │──理论、研究──┐       ┌──────────────────────┐
  └────────┘              │       │   相关理论及文献综述    │
  ┌────────┐              │       ├──────────────────────┤
  │ 员工激励 │──理论、研究──┼──────▶│ 理论基点与原理         │
  └────────┘              │       │ 相关研究现状           │
  ┌──────────┐            │       └──────────┬───────────┘
  │ 创新行为等│──理论、研究─┘                  │
  └──────────┘                                ▼
  ┌────────┐   思辨归纳             ┌──────────────────────┐
  │ 概念界定 │───理论移植──┐         │   模型构建与假设提出    │
  └────────┘              │         ├──────────────────────┤
  ┌────────┐   思辨归纳    │         │ 研究变量概念界定       │
  │ 框架设计 │───理论移植──┼────────▶│ 研究框架模型建立       │
  └────────┘              │         │ 影响关系假设提出       │
  ┌────────┐   相关性推断  │         └──────────┬───────────┘
  │ 关系假设 │───思辨演绎──┘                    │
  └────────┘                                  ▼
  ┌──────────┐                       ┌──────────────────────┐
  │ 研究变量度量│──量表设计──┐          │    研究方法设计       │
  └──────────┘             │          ├──────────────────────┤
  ┌────────────┐ 定性验证   │          │ 调查问卷的设计        │
  │小组访谈与预试│─问卷完善─┼─────────▶│ 数据收集与样本        │
  └────────────┘           │          │ 研究变量的度量        │
  ┌──────────┐             │          │ 信度效度的检验        │
  │ 一致性检验 │──测量评估──┤          │ 分析方法的介绍        │
  └──────────┘             │          └──────────┬───────────┘
  ┌────────┐               │                     │
  │ 因子分析 │──测量评估──┘                      │
  └────────┘                                     ▼
  ┌──────────┐                         ┌──────────────────────┐
  │ 统计量分析 │──测量评估──┐            │   数据分析与结果讨论   │
  └──────────┘            │            ├──────────────────────┤
  ┌──────────┐            │            │ 描述性统计分析        │
  │ 相关性分析 │──测量评估──┼───────────▶│ 多元线性回归分析      │
  └──────────┘            │            │ 结果分析与讨论        │
  ┌────────────────┐      │            └──────────┬───────────┘
  │ 多元线性回归分析│──测量评估─┤                    │
  └────────────────┘      │                        │
  ┌────────────┐          │                        ▼
  │ 回归结果分析 │──对比、思辨┘            ┌──────────────────────┐
  └────────────┘                          │    研究结论及展望     │
                                          ├──────────────────────┤
                                          │ 研究的主要结论        │
                                          │ 研究贡献与启示        │
                                          │ 研究局限与展望        │
                                          └──────────────────────┘
```

图 1.1 技术路线图

9

第 2 章

相关理论研究综述

2.1　工作动机理论

2.1.1　工作动机的基本内涵

工作动机与一定工作行为相关的动机,它影响着人们的工作努力程度和方向[1]。平德尔(Pinder,1998)对工作动机下了定义,工作动机指的是一系列引起与工作结果相关的行为,并影响这些行为的形式、方向、程度和维持时间的内部与外部力量。[2] 斯蒂尔(Steer)和波特(Porter)(1975)认为工作动机有三个主要功能:即产生出某种行为需要的内在能量、给人们的行为指出方法、让人们长期的做某一相同事情。

2.1.2　工作动机的结构维度

工作动机的维度研究主要包括二维角度和多维角度两个方面的研究。

---

[1] 王璇,李健. 企业员工工作动机与组织回报探讨 [J]. 商业时代,2007 (17):56 - 57.

[2] Pinder C. Work motivation in organizational behavior [M]. New Jersey:Prentice - Hall, Inc. Asimon & Schuster Company. 1998

(1) 二维角度

工作动机可以区别为内部动机和外部动机两个维度。内部动机是指从事这种事物针对事物本身。因为他考虑这个事物有乐趣、能够吸引人的注意力、令人愉悦、能够让人拥有成就感、能够被认可和具有满足感。当人们追求对新奇的事物、兴趣、自我实现及对工作的解决挑战时，称为内在动机驱使。最早内在动机的来源由伍德沃思（Woodworth）在1918年提出，他认为个体的感知和行为经常受到兴趣与自我保护的指引，而这些行为让个体有自我成就感。伊泽德（Izard，1977）认为，对事物的兴趣程度是内在动机的关键，它引导人们坚持将工作由始至终，并且自我激励个体探索活动环境。德西（Deci，1975）、戈特弗里德（Gottfried，1983）、伍尔福克（Woolfolk，1990）等学者指出，内在动机具有三个层面的含义：一是主动投入到活动中或对某种工作非常向往，是渴望追求新事物、新知识、新活动；二是参与新鲜事物仅仅是为了追求一种参与和完成的感觉；三是参与新鲜事物仅仅是出于一种贡献的意愿。内部动机已有研究结果基本一致地认为内部动机具有适应性，与员工的注意力集中、忘我工作、出色的工作绩效，尤其是无限地创造力存在正相关。德西（1975）的认知评价理论认为，内在动机来自于个体的胜任感和自我决定感，任务活动的客观特征并不能影响工作任务的激励效果，而是由人们心理上决定完成这些任务活动的意义，当任务完成时，给个体带来了成就感，个体就会感受到激励。哈克曼（Hackman）等（1978）的工作特征模型是被广泛使用的内在动机模型，该模型认为如果工作特征能给个体带来一种意义感和影响力，那么就能增加这个人的内在动机。

外部动机指的是工作以外的事物，如薪资报酬、物质奖励、他人认可或是工作内容的挑战性激发个体的工作愿望。而外部动机是指从事该活动主要是为了达到独立于该活动之外的某种目的，如获得预期的奖赏、在竞争中获胜、满足某种需要（薪资、同事关系、职位和他人的赞赏）。当人们为达到工作本身以外的目标或资源所形成的限制时，称为外在动机驱使。外部动机又可以分为增益性和非增益性两种，前者能够提供信息，帮助个体更好地完成任务，而后者则使个体感受到控制①。

阿玛贝尔（Amabile）和希尔（Hill）（1994）等人编制了工作偏好量表（Work Preference Inventory，简称WPI）用来衡量内部动机和外部动机，内部动机和外部主要组成的因素都被包含在这个量表里面，自我决定、能力、投入任务的程度、愉悦感、兴趣、好奇心等是内部动机的主要组成因素；评价、能力、以及被他人制约、希望得到赞誉和金钱等因素是外部动机的主要组成因素。大量的研究表明，WPI是一个很有效的测量量表。内部动机和外部动机的区分与测量相对成熟。但是学者对两者的关系存在着不一样的观点。莱泊（Lepper，1997）认为内部动机和外部动机相互对立，是连续体的两个极点，呈负相关的关系。而德西和瑞恩（Ryan）（2000）则提出两者是共存的关系，在某些情况下内部动机对外部动机产生促进作用。两者的关系表明了个体是不是能够同时接受到内外部两类因素的激励或者是仅有一种激励因素就可以起到作用，对于实际工作有很高的借鉴和应用价值。

（2）多维角度

卢森斯（Luthans）和特纳（Kreitner）（1985）得出了工作动机的四维结构，他们认为工作动机由外在动机、内在动机、关系动机和贡献动机构成②。莱纳德（Leonard，1999）根据工作动机来源将工作动机划分为内在过程动机、工具性动机、外在的自我概念、内在的自我概念和目标内化类。我国学者孙岚、秦启文、张永红（2008）提出自我决定理论，他们对

---

① 卢小君，张国梁．工作动机对个人创新行为的影响研究［J］．软科学，2007（6）：124-127．
② 王璐，李健．企业员工工作动机与组织回报探讨［J］．商业时代，2007（17）：56-57．

外部动机分成四个部分：从无动机到内部动机之间，有四种外部动机，即受外部条件控制的外部调节（Externally、Regulated）、内摄（Introjection）、认同（Identification）和整合（Integration），指出自我决定理论受到工作满意感与幸福感、组织承诺、绩效与组织公民行为、奖惩的影响。阮爱君（2011）基于工作动机理论，把内在激励、薪酬与奖励、组织创新氛围进行整合，作为整体激励体系探讨对员工创新行为的影响。他得出的研究结论：内在激励、薪酬与奖励、组织创新氛围对员工创新行为有显著的积极影响；内在激励、薪酬与奖励对促进员工的创新行为有显著的交互作用；在高内在激励条件下，薪酬与奖励对员工创新行为有显著的积极影响，但在低内在激励条件下，薪酬与奖励对员工创新行为关系没有显著影响；当内在激励取高水平值时，薪酬与奖励和员工创新行为之间的正向关系更加强烈。杨红明（2010）认为内在动机对于员工在工作中积极的情感经历、高水平的绩效表现、工作的持久性、满意度以及心理健康状况都有积极的预测作用，通过研究发现员工在工作特征感知、心理需求满足、内在动机和敬业度水平上存在着显著的个体差异。工作的技能多样性、工作自主性、工作重要性、反馈、上级支持和同事支持作为内在性的工作特征对心理需求满足、内在动机和敬业度分别存在不同程度的促进作用，自主需求、关系需求和胜任需求均具有不同程度的中介作用。张剑、郭德俊（2003）的研究表明我国企业员工的工作动机可以概括为外在报酬取向、追求胜任取向、自我决定取向、他人评价取向与良好关系取向这五个因素。张剑、郭德俊（2003）探讨了我国企业员工工作动机的结构及其特征，结果发现我国企业员工的工作动机可以概括为追求胜任取向、外在报酬取向、他人评价取向、自我决定取向与良好关系取向五个因素。所得到的五因素模型较内部动机、外部动机两维模型更加具体、全面地反映了工作动机的内容。企业员工工作动机的取向与性别、受教育水平等因素有关。

2.1.3 工作动机的影响因素

许多学者对工作动机的影响因素进行了研究，主要包括个体因素、环境因素和价值观因素三个方面。

(1) 个体因素

不少研究者针对影响工作动机的个体特征因素进行了深入的探讨和研究，主要包括：自主性、自我效能感和个体特征。

自20世纪90年代起，学者们逐渐关注工作动机与个体自主性之间的关系。当个体需求没有得到满足时，个体内部便会产生一种内在的驱动力，这种内在驱动会引起个体做出行为反应以使得需求得到满足。例如，当个体产生升职的需求时，就会产生内驱力促使他去加倍努力工作等行为特征，在这种需求得到满足后，相应的内驱力消失。这种理论观点是当有机体的需要没有得到满足时，就会产生驱使个体去纠正或者改善这些没有得到满足的需求。费伊（Fay）和弗雷塞（Frese）（2001）认为个人主动行为的特点是自发地和前瞻性地克服实现目标过程中的困难。他们认为自发意味着个人主动行为的路径与常规路径有较远的心理距离。个人主动行为的目标一般是预期未来需求并为这些需求做准备或预防问题的发生。所以个体工作动机与自主性紧密相关，并影响个体的工作表现。自主的外在动机对那些本来不感兴趣但是很重要的任务产生较好的促进效果，例如自主性工作动机通过个体对任务的理解间接影响工作动机，另一项研究发现自主性有助于增强个体评估自我能力以及提高个体内在动机。

自我效能感的研究表明自我效能感会影响个人的表现动机，李伟东、李·阿梅利亚（Lee A M）、索尔蒙·梅林达·A.L（Solmon M A）（2005）的研究表明，自我效能感比较强的员工会对自己的能力表现出更多的自信，在工作过程中拥有内在动机也比较高。特别是当员工自我效能感较高，会激发他的内在动机从而促使他选择更有挑战性的工作。陈志霞、吴豪（2008）研究表明，如果员工怀疑自己是否有能力能够顺利完成某项任务，就会倾向于选择逃避相应工作。自我效能感往往会影响到个体的努力程度，个体的内在动机越高，他越能够提高或证明自身能力，从而又促进内在动机的提高。另外，自我效能高的员工大多数情况下，拥有较高的专业技能，他们希望给予自己能力的认可，通过像外在的奖励，如收入增加、他人肯定、职位升迁等方式。

对个体特征的研究主要包括年龄和性格个体方面。我国学者陈子光（1990）对知识分子的工作动机进行了研究，探索了影响知识分子工作动机和工作满意度的主要因素。结果表明：影响知识分子工作动机的主要因素有工作结果、集体工作意识、工作难度和价值、工作潜力知觉、工作条件、城市差别以及年龄和工龄差别等；影响知识分子工作满意度的主要因素有集体工作意识、组织气氛、工作难度和价值、工作潜力知觉、工作结果、年龄和工龄差别、人际关系、人才流动紧迫感、城市差别，以及政治面貌。莱瑟（Latham）和平德尔（2005）通过总结大多学者的研究指出，性格特质对个体的工作搜寻行为、工作动机、工作选择行为、工作满意度和工作绩效都会显著的影响。弗恩海姆（Furnham，1999）发现，内容丰富的工作更容易吸引外向型特质个体，即具有更强的内在动机；工作的保健因素更容易吸引神经质型个体，即具有更强的外在动机。

张剑、张建兵（2010）通过分析阐述了自我决定理论的哲学基础，从有机辩证的视角梳理了自我决定理论的基本思想，并对组织背景中以自我决定理论为指导框架的工作动机研究进行了综述。结论认为满足胜任、关系和自主三种心理需要的组织环境因素是增加内部动机并促进外部动机的内化，进而促进员工的工作绩效与心理健康的有效路径。冯旭、鲁若愚（2009）研究了工作动机、自我效能对员工创新行为的影响作用，内部动机对个人创新行为具有直接的显著影响；外部动机通过对内部动机的影响间接对个人创新行为产生影响；自我效能对个人创新行为具有直接的显著影响；同时，自我效能还对内部和外部动机产生影响，对员工个人创新行为产生间接的促进作用。卢小君、张国梁（2007）通过企业员工的问卷调查，对个人创新行为和工作动机进行了结构检验，并考察了工作动机对个人创新行为的影响作用。结果表明，内部动机是促进个人创新行为的重要影响因素，可以同时对创新构想产生和创新构想执行产生正向影响；外部动机只在创新构想的执行阶段产生促进作用。

（2）环境因素

环境因素会影响员工的内在动机和外在动机，个体对环境中事物的感知以及与所从事行为相关的认知会影响个体所有目的的活动，以此来解释动机的产生、变化和消失的原因。

工作任务相关研究表明高技能与挑战性的工作任务对于员工兴趣的增长具有显著的影响作用，其中学习型或任务型目标的设置会对内在动机产生间接影响。德西（1989）指出，员工的自主心理需要会受到管理者的领导风格显著影响，如果领导支持员工自主性，这样员工的内在动机比较强，从而使员工产生长期的良好绩效表现和愉悦的心理状态，与之相反则会减弱员工的内在动机。特里帕蒂（Tripathi，1992）则研究了组织内部竞争对内在动机的影响，结果显示，如果员工与组织其他成员之间的竞争是直接竞争，则会削弱员工的内在动机，而与某客观要求或自己从前的绩效表现进行比较，员工认同是一种间接竞争，从而会增强内在动机。陈子光（1990）研究指出促进知识分子增强工作动机的原因是：集体工作意识、工作难度和价值、工作结果、工作潜力知觉、工作条件、年龄和工龄。斯蒂尔斯（Steers）和桑切斯·伦德（Sanchez – Runde）（2002）指出环境因素，包括教育、社会化经历、经济状况、政治法律制度等都会影响到员工的工作动机。王璇、李健（2007）研究指出良好的沟通、有效的财务报酬和愉快的工作体现都能够对员工的工作动机有所影响。严丹和黄培伦（2011）的研究认为，个体在其组织角色上感知到自身重要性就会产生组织自尊，认为自己对于组织具有价值感和有意义，个体会产生成就感和自豪感，而这种成就感和自豪感是个体做出良好绩效表现的内源性动机。孙岚、秦启文（2008）的研究结果显示，自我决定理论将动机按自我决定的高低程度视作一个连续体，指出社会环境可以通过支持自主、胜任、关系三种基本心理需要的满足来促进外部动机的内化，保证人的健康发展。这一理论在教育、保健、体育领域内已广受关注。国外的学者开始将该理论引入对组织行为的研究之中，研究发现：自主支持比受控的工作环境和领导方式更能促进组织公民行为，提高员工的工作绩效、满意度及主观幸福感等。

李燚、黄蓉（2014）两位学者对研发人员心理授权与创新绩效的关系及控制点的调节作用和内在工作动机的中介作用进行研究。结果发现：心理授权对研发人员创新绩效具有显著的正向影响；对于内控型员工来说，心理授权对创新绩效的影响比外控型员工更为显著；同时，心理授权对创新绩效的影响以内在工作动机为部分中介。王璇、李健（2007）对我国企业员工的工作动机进行问卷调查，对员工工作动机的构成和特点进行定量分析，并对国有企业员工与合资企业员工的工作动机进行对比分析，在此基础上提出我国企业尤其是改制国有企业员工有效激励的问题，并提出相应的激励对策。提高我国员工的工作动机的主要因素依次是注重员工需要、提供足够资源、职业发展计划、企业文化层面的激励机制、企业培训、保证薪酬公平、优化薪酬内容和结构。

（3）价值观因素

与内在动机另一个类似概念是价值观契合，我们讲的价值观契合是组织与员工的契合。员工的内在价值观是自我实现的价值观，追求工作中的乐趣、自主、好奇、成长等因素，价值观契合在内容上与内在动机有较高的相似性。但是，价值观契合表达的是员工对绩效表现和在环境中获得工作结果的价值判断，可以直接影响到员工工作行为的内在体系，与内在动机的特质性与情境性不同。价值观契合可以稳定的特质状态存在。作为员工自身的一种特质,价值观通过影响工作动机从而影响员工的行为。

在个体的人格结构中,价值观是核心动力部分,是能够更好地解释与预期员工在工作环境下的独特行为或表现的变量。施瓦特(Schwart,1999)对价值观的定义是,工作价值观是个体价值观的一部分,超越具体情境思考,能引导个体在工作相关的活动与事情中有所选择与评价,指向期望所产生的结果与行为的一些重要性程度不同的观念与信仰。① 价值观的理解,就是作为主体的人对所面对事物的有关评价,什么是"更重的"一种看法或是"更重要的"一种选择。

夏姬(Sagie,1999)研究结果是工作价值观直接或间接地影响着关联绩效。维普朗肯(Verplanken)和霍兰(Holland)(2002)研究结果是工作价值观通过工作动机影响个体的工作行为。王振宏、王克静(2010)对中学教师研究发现:个人教学效能、内部工作动机、积极心境与教学创新呈较高显著正相关。个人教学效能、积极心境对教学创新的回归效应显著,内部工作动机、积极心境对个人教学效能的回归效应显著。内部工作动机、积极心境通过影响个人教学效能而间接影响教学创新,而个人教学效能直接影响教学创新,个人教学效能是教学创新的核心影响因素。牟海鹰(2001)研究发现工作价值观决定工作动机的性质、强度,蕴含着持久的工作动机成分。罗卡切(Rokeach,1973)将价值观总结成目的价值观与工具性价值观。目的价值观是个体在一生当中想达成的目标,如成就感、舒适的生活;而工具性价值观则是个人所偏爱的行为表现方式,或是能达到目的价值的手段与行为,例如负责、独立等。②

---

① Schwart. A Theory of Cultural Values and Some Implications for Work [J]. Applied Psychology: An International Review, 1999, 48 (1): 23 – 47.
② 王斌. 基层领导者的工作价值观、内外动机与高绩效行政行为的关系 [J]. 领导科学, 2011 (12): 20 – 23.

马剑虹、倪陈明（1998）研究也发现，工作价值观与工作动机有着密切的关系。工作行为评价因素与经济报酬驱力呈显著的负相关，而与工作价值与意义驱力呈显著的正相关；个人要求因素则正相反，与经济报酬驱力显著正相关，而与工作价值与意义驱力显著负相关；组织集体观念因素与工作动机似乎无显著的相关关系①。

2.2 员工激励理论

2.2.1 激励相关理论介绍

激励（motivate）一词起源于拉丁文 movere，原意为采取行动之意，意为"使人产生行为的动机"，或"促进人的产生行为原因"。按中文词义来说，激励就是激发、鼓励的意思。从中英文的对比来看，激励都是强调在于提供一种行为产生的原因，即促进、激发、诱发、引发之意。20世纪初，管理学家、心理学家和社会学家就从不同的角度都研究了激励的问题，并提出了相应的激励理论。赵振宇（1994）提出激励的内涵："从激励的角度出发，所谓激励，就是组织者采取有计划的措施和方法，设置一定的外部环境，对成员施加正项强化或负项强化的信息，并借助于一定的信息载体提供反馈，能够引起他内心和思想的反应和变化，使之产生组织者预期的行为，高效、持续地、正确地达到组织提前设定的目标。"吴云（1996）指出激励理论不只是由单一的金钱刺激到满足多种需求、由激励因素变化到激励条件明晰、由激励本身研究到激励过程的研究的演变过程。郭咸刚则认为"激励一般是指激发、引发、诱发个体努力追求某一特

---

① 马剑虹，倪陈明．企业职工的工作价值观特征分析［J］．应用心理学，1998（1）：10-14.

定目标的行为,并为此而努力",其实质内容就是将需求、目标与内在主动性这三个相互依存、相互影响的因素连接起来,为了使个体满足自身需要,通过内在动机来驱动,并为此努力实现目标的过程。

在心理学上,激励可以有三个方面的理解。从产生的原因来看,激励就是将适当的外部刺激转化为心理动力,从而增加了或是减少了个体的行为。从管理学角度来看,组织建立激励机制是指运用各种有效的方法激发员工的工作动机,增加员工的工作主动性、积极性和创造性,引导、保持和强化组织成员,组织所期望的行为,进而帮助员工为完成组织规定的任务、实现组织整体目标而努力工作,并实现员工本人目标的而产生的系列活动。

按照研究激励侧重点不同于行为的关系不同,可以把激励理论归纳为以下四种类型。

(1) 马斯洛(A. Maslow)的需要层次理论

马斯洛的需要层次理论认为人的需要有五个层次:生理、安全、社交、尊重和自我实现,这五个层次从低向高像阶梯一样逐级增强,一个层次的需要满足了,就会转向下一个高层次的需要。马斯洛的需要层次理论表明,针对人的需要实施相应激励是可实现的。但激励人们努力的方法可以多种多样,当生理的需求满足时,就可以转到安全的角度;当物质激励提供的刺激效果下降时,就应转到精神激励的角度,因为人的需要具有多层次、多角度。激励要根据人的不同需要和不同的社会环境,设计不同的激励方案,以满足激励的复杂性。

(2) 麦格雷戈(Mcgregor)的 X 理论——Y 理论、超 Y 理论、Z 理论

麦格雷戈提供两大类可供选择的人性观,一种是传统管理中人性假设和另一种行为科学,关于人性的假设叫作"X 理论"。X 理论主要代表了一种消极的人性观念。麦格雷戈认为,X 理论所用的传统的研究方法是建立在错误的因果观念的基础上的。麦格雷戈提出了不同关于 X 理论的 Y

理论。Y 理论提供了一种积极的人性观点。麦格雷戈把 Y 理论叫作"个人目标和组织目标的结合",认为它能使组织的成员在努力实现组织目标的同时,同时也能实现自己的个人目标。所以,他认为关键不在于选择采用"强势的"还是"柔和的"管理方法,而是在管理的思想上,要选择积极的方法来替代消极的方法。所以就是要在管理方法上变 X 理论为 Y 理论。

美国的乔伊、洛尔施和约翰莫尔斯在麦格雷戈的基础上提出了超 Y 理论。该理论认为:一些不愿制定决策和承担责任的人,更愿意以早以规定好了的规章制度来指导自己的工作,他们往往倾向于以 X 理论作为管理的指导原则;而一些更有约束能力、需要擅长于发挥创造性的人,则更喜欢采用 Y 理论的指导。

Z 理论更多成长在日本的经济环境中,并且受到越来越多人的关注。Z 理论主要是针对员工的需要提出来的,该理论认为:鼓励员工参与企业的管理工作中,对其进行全方位的培训;培养员工长期的综合能力,长期考核与稳步提拔,采用含蓄的控制和正规的检测手段。此理论更加关注职工的社会需要和个人发展需要,更加尊重人,给人更多发挥个人能力与创造性的机会以及职业发展空间。Z 理论使管理更加注重人本身的需要,体现着以人为本的管理思想,它使管理由钢性阶段迈向柔性的发展阶段。

(3) 赫兹伯格(Hemberg)的"激励—保健"双因素理论

赫兹伯格根据满足员工需要的程度提出了"激励—保健双因素论",赫兹伯格通过调查研究发现:只是满足员工的需要还是会存在消极因素,满足需要可以是消除了员工不满和抵触情绪,这可以理解为是一种"保健因素",包括公司政策、与同事关系、个人生活、工作条件、薪酬和工作保障等。还应当注重工作本身的内容,工作本身的丰富多彩以及工作的挑战性本身对员工就是一种激励,这样才能满足人的各层次需要以及满足人的进取心,从而提高工作的效率和工作质量。包括成就感、得到认可、工作本身、责任感、职务晋升和个人成长等。该理论认为使人不满意的因素大多是环境、外部条件等因素，这类因素激励效果并不好。与此相反，使人感到很满意的因素基本都是工作本身的因素，这类因素若得到改善，职工就会很满意，从而提高工作积极性。因此，他把这类因素称为激励因素。赫兹伯格（1959）的双因素理论可以看作是关于知识员工激励因素的较早研究。

（4）亚当斯（Adams）的公平激励理论

亚当斯的公平激励理论注重工作报酬公平的重要性。他认为员工激励关注相对公平。员工不仅关注报酬绝对数量，更关注工作报酬相对比较公平；同等的报酬获得的激励效果并不相同，只有通过对他人的投入程度进行比较，才能知道同等报酬的激励效果是否相同。如果激励机制的设计没有遵守公平原则，激励效果将会下降。比如，在同一单位工作的人，如果怠工的人与勤奋工作的人具有相同的薪资报酬，其结果只能是大家都怠工。因此，要想提高报酬的激励效果只能是让投入多的人获取相对高的薪资报酬。

2.2.2 激励因素相关研究

从激励的研究历史来看，起初受到关注的因素是物质激励、外在激励和显性激励。但随着人们研究的深入，精神激励、内在激励、隐性激励以及情感和文化开始受到越来越多的重视和关注。

（1）显性激励与隐性激励

人的一生中可能存在很多种需要，但这些需要并不是随时随地被人们所感知、所意识。有许多需要是人们没有意识到的，以潜在的形式存在着的，只有到了一定的情景下，由于某些条件变化、客观环境或是主观行为发生了改变，人们才发现、才感觉到这种需要。需要可以分为显性需要和潜在需要，显性需要比较容易为人们所认识和满足，而潜在需要往往容易被忽视。潜在需要和隐形需要，也对应的是显性激励和隐性激励，主要用经济学的观点。经济学将所有关于交易的承诺都视之为契约。"在经济学中将契约划分为显性契约和隐性契约。显性契约通常是正式契约，它是指可以写明，并可以由当事人以外的第三方验证，并在法律上可以强制执行的契约。隐性契约通常是非正式契约，它是指由习俗、组织外部文化和内部文化，潜在的规则所形成的行为规范、行为要求。隐性激励一般表现为一些已经认可、默许、口头上的承诺"。在企业中工资是显性激励，因为他直接表达了公司对工作内容的认可。而年底红包或晋升则是隐性激励，因为年底红包的多少并不是强制执行的。早期的激励研究只关注显性激励，由于无法解释一些现象，目前对隐性激励的研究和探索则解决了这方面的困扰。

一些研究的实际成果表现了这样的结论。津海姆（Zingheim）和舒斯特（Schuster）（2001）指出未来提高企业竞争力，获得人才主要是需要关注四个重要的人才激励因素：公司发展前景良好，更多的个人成长机会，柔和的工作环境，有竞争力的薪酬策略，包括有竞争力的薪资政策、多元化的福利计划、公平的晋升制度及工作得到认可和鼓励等。顾建平（2006）通过从理论和实证的研究，提出了薪酬政策、市场薪资水平、薪酬结构、计算方式、支付方法五个知识员工薪酬激励体系，并明确指出，该框架体系的中心在于知识员工能够强烈地感受到公平。孙新波、樊治平、秦尔东（2006），将知识员工分为三类：基层知识员工（拥有工程师或是初期员工）、中层知识员工（拥有主管的头衔，可以管理一个小群体）、高层知识员工（拥有经理以上职位，可以领导一个很大的团队）。通过对不同类型知识员工内涵特点的分析，提出了一个激励知识员工的框架模型。

（2）物质激励与精神激励

物质激励主要是通过物质的外部因素来激发、刺激个体对象达到组织、社会和个人预期行为的目的。物质利益尽管不是人们所追求的所有价值需求，但物质利益本身相对于任何一个人而言，也都不是可有可无的，并且没有人会讨厌它的过多。物质利益的获得,只要与人的特定行为联系在一起,总会对这个人的行为带来影响。物质利益的增加,则会使他重复可带来的物质利益增加的行为;扣减物质利益,则会让他减少和避免导致物质利益扣减行为。精神激励则指社会、组织或个体成员,在某种社会环境中,借助于思想、观念、情感、信念、荣誉、期望等精神载体来激发、引导、塑造、驱使激励个体对象,引起激励个体对象在思想内容、精神状态、心理预期和行为方式等方面的变化,从而有效地实现社会、组织或个体成员预期目标的过程。人是社会动物,生活在社会之中,总希望得到他人的肯定,名誉也就是他人的一种肯定。一个人如果在他所生活的社会之中得不到应有的肯定,他不仅会感到孤独、压抑,而且还会感到没有存在的价值和意义。所以对他人的行为,给予表扬或者批评,就会对他人的行为选择起到激励作用。精神激励是与物质激励相对应的重要激励方式之一。王成全(2007)对知识型员工的主导需要与激励因素进行研究。结果显示:薪酬福利、培训学习、能力发挥、职位晋升等需要是当前知识型员工的主导需要,这些因素在所有20项激励因素中排在前四位之内。知识型员工认为最为重要的激励因素:薪酬福利、培训学习、能力发挥、职位晋升、公司前景等前五位因素,占所有激励因素的80%,其余15类因素所占比重只有20%。随着年薪水平的提高,知识型员工对薪酬福利的重视程度有不断降低的趋势,对职业发展的重视程度随年薪水平的提高而增加;不同工作类型的知识型员工对激励因素的重视程度排序有所不同。

物质激励和精神激励在不同学者的研究结果和研究角度都有不同的体现。知识管理专家玛汉·坦姆普(1989)经过大量实证研究,提出了激励知识员工的四个因素,即个体成长、工作自主、业务成就和金钱财富。从他的研究成果不难看出,对知识员工的激励,只有金钱刺激达不到应有的效果,而是应更关注于他的个人发展成就和职业成长。科尔格(Courger,1998)对分布在美国各地政府和企业大约1800名雇员进行了激励因素调查研究，他发现，工作本身、工作成就感和个人成长是员工普遍接受并认为是最重要的激励因素。同时，他把研究结论与10年的研究进行对比，发现在过去日子里，员工对于工作认可、领导力等因素的重视不断提高，而对于薪资福利的关注程度在逐步地降低。黄筱立、郑超（2001）通过调查与分析，对玛汉·坦姆普提出的知识员工四个激励因素进行验证，并得出中国知识员工激励程度排序，不同于美国的知识员工激励因素重要程度：我国排序是金钱财富、个体发展、业务成就、工作自主。石冠峰、韩宏稳（2014）对新生代知识型员工起相对主导作用的激励因素依次为：个人成长与发展、薪酬福利、工作挑战性、公司前景、领导素质等。最后，依据上述分析，从提供职业生涯管理、构建激励性薪酬福利体系和关注多元化激励三方面提出激励对策。鲁直（1999）在我国合资企业中，能够调动员工工作积极性的各方面因素进行归纳以下六个因素：成就与认可、企业发展、工作激励与人际关系、基本需要与领导作风、自主、福利与报酬。周春蕾、闻晓翔（2006）通过对浙江省部分企业知识型员工的问卷调查分析，认为民营企业知识型员工激励因素由个人成长与发展、报酬、有挑战性和成就感的工作、公平、福利与稳定、领导的信任与认可、公司前景、与同事的关系、晋升提拔和参与决策10大因素构成，提出了有效激励知识型员工的措施是目标激励、全面薪酬激励等。程文、张国梁（2008）通过对不同高校、不同学科领域的长江学者特聘教授和讲座教授进行背景分析和学术成果调查，剖析高级研究人员的个体特征，提出成就与挑战、个体成长、工作自治、认可和目标导向等五个高级研究人员自我激励因素，并构建了基于自我激励因素的个体激励模型。殷进功、汪应洛（2004）将激励视作一个系统，从分析高等院校教师在生存、关系、权力等方面的需求入手，研究确定影响教师工作绩效的报酬、人力资本、能力、压力、权力等因素，构建了高校教师激励因素的作用模式和作用关系分析模型，并对模型中的激励要素，如经济性奖酬、非经济性奖酬、努力程度、绩效水平等因素之间的相互关系进行了分析，提出了所有激励方式都含有经济性奖酬与非经济性奖酬两种成分。

(3) 情感与文化

加里·P. 莱瑟姆（Gary P. Latham）对激励的研究中发现在 20 世纪，对激励的研究主要局限在员工认识和行为方面，员工的情感激励在很大程度上被忽视了。这种情况到现在有很大的变化。情感激励就是管理者经常与员工进行感情沟通，尊重员工，使员工始终保持良好的情绪和心理状态，并且激发员工的工作热情和工作积极性。我们都知道，在人心情良好的状态下工作，往往思路开阔、才思敏捷、能够快速解决问题、效率很高。因此，情绪能够激发员工的工作动机。创造良好的工作环境，加强管理者与员工之间以及加强员工之间的情感沟通，是情感激励的有效方式。20 世纪 70 年代后，激励的研究除了关注员工的行为和认知以及他们之间的相互作用，研究者发现在价值观、目标认知及情绪影响方面的研究有了很大的进展。学者将研究的视角由单独地对人的研究也扩大到对民族文化、工作内容、组织文化的相互适应等方面。通过满足员工内心需求的方式进行精神上的鼓励，安抚员工的心理状态，让员工得到理解和安慰。公司需要重视员工的内心想法，让他们对企业有足够的信任和归属感。还要让员工得到必要的尊重。

文化激励大多关注于企业文化，企业文化是企业员工与组织的一种共同意识和共同价值观念的表现形式，是企业思想发展的指南针。企业文化决定了企业员工的行为。企业文化融入激励管理，不但可以提高员工的工作效率，而且有利于企业营造良好在企业文化。对激励制度的研究在学术界有很多的角度，激励理论的具体思想为现代企业管理提供了丰富的理论支持。不同类型的激励理论奠定了不同的企业文化，形成不同的企业风格。

一些学者的研究体现了情感和文化的激励结果。美国耶鲁大学教授海莫维奇（Heimovics）和布朗（Brown）（1976）提出了员工与工作相关的15项激励因素：稳定而有保障的未来、能为社会做出贡献、学到新知识、参加愉快的悠闲活动、改进领导力、施展特长、能够参与作出重要贡献、不用监督、自由工作、良好的同事关系、有较高的社会地位、有高薪和晋升的空间、丰富多彩的工作任务。小格雷厄姆（Graham Little,1998）提出了激励员工的四个主要因素：工作投入感、金钱地位、领导力强和融洽的工作气氛。格雷厄姆认为，以上四个要素合理均衡的被使用，才能从整体上对员工产生激励效果。美国安盛咨询公司与澳大利亚管理研究院合作（1994），对澳大利亚、日本、美国不同行业员工分析后，列出了知识员工最主要的激励因素，依次是有竞争力的薪酬福利、工作的内容、晋升、同事之间的关系以及是否有机会影响决策。他们认为，对于工作内容、同事之间的关系和参与是否有机会影响决策这几个激励因素，知识员工明显要比非知识员工重视。彭剑锋、张望军（2001）对知识员工的激励因素进行了中外对比，对知识员工与非知识员工的激励因素进行了比较，探讨了知识员工的精神激励、文化激励、工作激励、组织激励四大激励模式。他们认为，我国知识员工主要激励因素排在前五位的分别为：有竞争力的薪酬体系和奖励系统；个人的成长与发展空间，公司的未来的发展；工作内容是否具有挑战性；工作的保障性和安全性。赵夷岭、段万春（2009）以往对组织承诺前因变量的研究，主要集中在个体特征上，很少涉及组织激励因素。情感承诺形成起主导作用的情感型激励因素，以及对工具承诺形成起到主导作用的工具型激励因素。俞文钊（1991）提出了去激励因素连续带模式，阐述了激励、保健、去激励因素三者的联系与区别，通过试验确定了我国企业中激励、去激励因素的类别与项目，进一步按四种强度水平（强、较强、较弱、弱）划分了激励与去激励因素的类别与项目的等级排列。伊兰斯德尔（Eransdell,2000）随着经济全球一体化和信息知识经济时代的到来、企业组织结构的无边界化、全球化经营的发展变化，各种规模组织中的管理者在世界范围内都面临全球市场经营机会和挑战。21世纪管理者面临的一个重要挑战是协调多元化的员工队伍以实现组织的目标。而协调管理多元化员工队伍，使其能为实现组织目标做出最大贡献之一，就是有效的跨文化激励。

赵曙明（2001）通过对中外知识型企业知识员工管理的比较研究，提出我国建立知识员工激励机制需适应未来的需求。他认为，知识工作者的特点是追求工作自主性、个性化特征和具有创新精神的群体，更多的追求来自于工作本身的激励。因此，知识工作者激励应采取多元化的个性化价值分配，而不应该以薪酬激励为主。他研究了知识工作者流动的原因，提出改进的建议和意见，如加强信息共享、建立有竞争力的多种方式的激励政策等，为企业保持竞争优势、降低企业的员工流转率提供了参考。

2.2.3 内在激励相关研究

学术界提出了外生激励和内生激励的概念。最为代表的是波特和劳勒（Lawer，1968）的综合激励理论，该理论首次鲜明地将激励划分为：内生激励（Interinsic Motivation）和外生激励（Exterubsic Motivation）。工资、奖金、福利、旅游、各种补贴、良好的人际关系等是外生激励的表现因素，外生激励是让个体获得独立于行为之外的满足，更多关注的是物质层面；内生激励则指个体在行为过程中获得的满足，这种满足感来自个体对工作本身的兴趣、价值、成就感等，主要关注的是精神层面。内生激励理论认为人的行为是其内在动机、内在需要的结果。因而激励是通过满足或激发人们的内在行为动机以达到期望效果的管理行为；激励的过程理论把行为看作是决策的结果，认为激励应关注人的动机形成和行为目标的选择。Teresa M. 阿玛贝尔发现人们在从事一项有强烈兴趣的工作时，工作本身也是一种激励，这种强烈的兴趣就是内在激励、内在动机。是因为强烈的兴趣，在工作过程中带来工作的愉悦，完成工作过程中带来满足而产生工作动机，这种动机往往基于自我选择、工作能力、兴趣，内在激励的过程是对实现活动过程的愉悦和成就感，而不是活动结果。1968年，美国学者波特（E. W. Porter）和劳勒（E. F. Lawer）等人在总结前人理论的基础上，把以上激励理论有机地整合起来，建立了综合型激励模型。它与弗罗姆的期望理论相似，但更为直观和清楚。该理论把激励过程也分为内激励和外激励两种。内激励包括薪酬体系、工作条件、工作环境、工作内容等。外激励包括社会、心理特征的因素，如上级和同事的认可、人际关系融洽等。

在激励理论的历史长河里，多种激励理论展示了"内生激励"的身影（Dyert Parjer，1975）。例如：在马斯洛（1943）在其《动机与人格》创建的需求理论中，假设一个人在实现高层次需要前，先满足低层次的需要，只有低层次的需要满足之后，才会试图满足相对高层次的需要。比如，在所有的需求之中，生理需求是最低级的，在满足相对高层次需求之前，人最基本的需求是吃饱肚子。在该理论中，马斯洛提出个体会产生某些行为，是因为个体有提升自身成长的需要。在马斯洛的基础上，奥尔德弗（Alderfer，1972）进一步将内生激励定义为个体成长的需求。又比如，克拉克（Clark，1998）提出的CANE模型（commitment and necessary model）也将主要的视角对准自我激励。他认为，激励有两个步骤：首先是员工拥有自我效能感、有一点焦虑。任务价值包括三个方面，他们是重要性、兴趣和效用，最后是坚持性。坚持性越高，自我效能越高。第二步，自我效能感与心智努力。CANE模型认为，坚持性越高、心智努力水平越高，个体的自我激励水平就越高，也就越有可能完成给定任务。麦格雷戈（1960）的理论也认为：个体有挑战外部环境的需求。怀特（White，1959）他认为这种需求源自个体有探索和主宰外部环境的需要。韦克斯利（Wexley）和尤克尔（Yukl）（1977）将工作情景中的内生激励描述为"个体成长的需要是个体致力于工作的原因，例如：内生激励的主要因素是工作成就、胜任能力和自我价值实现等"。斯科特（1966）的自我觉醒理论和麦克兰德（Mcclelland，1961）的成就理论也强调了：个体有胜任挑战性工作的内在需求和承担责任的愿望。综合上述理论的研究不难发现：内在自我概念激励（Self-Concept Internal Motivation），即个体往往依照"理想的自我"来独自设定自己的行为、能力、价值观准则，因此，对于这种个体而言，如果工作能强化个体的这些准则，并且能使个体获得更大的胜任感，则个体会努力工作。

德西（Deci，1971）对内生激励进行了定义。德西认为，当个体产生的行为是来自行为本身而并非出自外界的物质刺激时，个体就受到了行为本身所产生的内在激励。或者说：即便在没有任何的外部环境的激励情况下，当个体希望从事某种行为时，其仍然会感受到愉悦和兴奋，是因为个体需要感觉到自己具有从事这个行为的胜任力和对行为决策的自我掌控权，这种成就感和自我决定感来自内部，是个体对自我的感知，与外界因素无关。所以，内生激励来自行为本身带给个体的胜任感和自我控制感。陈春花、刘祯（2011）探讨企业对于外在激励的最优供给策略。研究表明：随着员工内在激励水平的提高，企业对于外在激励的最优供给水平并不一定因此而降低；在员工内在激励发生变化的情形下，企业是否增加、减少或维持其外在激励的供给水平，实际上取决于收益函数对员工努力水平的二阶导数；随着员工内在激励的提高，无论企业所提供的最优外在激励是增加、减少或不变，员工的总激励会提高；且企业利润是员工内在激励的增函数。

在此基础上，有学者进一步提出了认知评价理论。他认为个体对行为胜任能力的感知和自我控制的感知，决定了内生激励水平的高低。当个体在行为过程中受到外界物质刺激时，个体会认为行为的发生源自外部环境的需要而非自我内在需要，因此当外界物质环境消失，个体行为的内生激励因素会降低。也就是说当个体感知到某种行为是受到外部控制而非自我决策时，个体内生激励的效果会减低。张伶、张正堂（2008）双因素理论和工作特性模型都揭示了内在激励因素对员工激励的重要作用。但是，不同群体员工的内在激励因素是有差异的。他们提出内在激励因素包括工作自主权、上级支持、晋升机会以及人与组织匹配等四个方面，建立了这些内在激励因素对知识员工工作态度、工作绩效影响关系的假设模型，并进行了实证检验。结果发现，工作自主权、晋升机会、上级支持、感知的人与组织匹配通过工作满意度、组织承诺对工作绩效有显著的正向影响。吴慧、徐栖玲（2005）在酒店员工群体的基础上探讨了多种激励因素。认为酒店员工激励因素主要包括以下九个方面：薪酬、管理制度、同事关系、领导水平、晋升与培训、工作条件、工作本身、信息、奖励。陈井安、景光仪（2005）通过对知识型员工激励因素进行问卷调查分析，发现不同性别、不同职称、不同年龄段、不同学历层次的知识型员工有不同的"业务成就""工作环境""薪酬福利"和"个人成长"激励因素偏好，并据此提出了针对不同特征知识型员工激励偏好的策略建议。熊志坚、曲浩（2012）针对知识型员工激励因素个人喜好倾向评价这个问题，确定知识型员工激励因素及其构成要素个人喜好倾向评价排序，且知识型员工个人特征对激励因素及其构成要素个人喜好倾向的评价具有显著性影响。张晓燕、李元旭（2007）从工业经济时代到知识经济时代，激励的内容也从促进作为劳动力的人提高劳动生产率，转变为促进作为知识载体和源泉的人更积极地生产和转移知识。他们探讨了隐性知识转移过程中存在的认知与动机障碍，并引入了一个社会心理学理论（拥挤效应），即内在和外在激励间的相互作用，来阐明内在激励促进隐性知识转移的优势作用。陈琳、李珍珍（2009）提出外在激励的增加能够正向促进代理人的努力水平和产出，是传统经济激励理论的基本假设之一。

自20世纪70年代，经济学从心理学中引入内在激励的概念，发现外在激励可能对内在激励产生挤出效应，外在激励内生化和其匹配效应的存在。阮爱君（2011）基于工作动机理论，把内在激励、薪酬与奖励、组织创新氛围进行整合，作为整体激励体系探讨对员工创新行为的影响。结果表明，内在激励、薪酬与奖励、组织创新氛围对员工创新行为有显著的积极影响，内在激励、薪酬与奖励对促进员工的创新行为有显著的交互作用。在高内在激励条件下，薪酬与奖励对员工创新行为有显著的积极影响；但在低内在激励条件下，薪酬与奖励对员工创新行为关系没有显著影响；当内在激励取高水平值时，薪酬与奖励和员工创新行为之间的正向关系更加强烈。瑞恩和德西（2000）提出：由于内生激励具有人性积极一面，内生激励期望挑战和成功，期望创新、开拓自我潜能等，因此，相比较受到外生激励而产生的个体行为的个体，内生激励的个体，更有意愿主动设定有挑战性的目标。当这些目标完成时，个体会体验到自我胜任的成就感。系列的实证研究也表明：受到内生激励的个体行为会使得个体具备更多的行为兴趣、爱好和自信，从而为组织的高绩效和高创意产出提供可能。激励理论研究表明，相较外生激励，内生激励更能有效地激励个体行为。（Deci 和 Ryan，1991；Sheldon，Ryan，Rawsthorne 和 llardi，1997）。

薄勇健、赵国强（2003）结合管理实践系统论述了内在动机对于个体行为的激励作用，探讨了个体的内在动机与外在激励之间的关系，明确了内在动机与外在激励在激励机制设计中的地位。通过模型分析发现，内在动机对于个体的行为具有显著的激励作用，它能够提高个体的努力水平。内在动机对于外在激励具有替代作用。内在动机是个体努力的根源，应该成为激励机制的核心，而外在激励则是对内在动机的补充。杨剑、程勇（2014）研究结果显示，内在激励对组织的双元绩效有显著的正相应，组织承诺在这一关系中发挥了重要的中介作用。管理人员在对员工进行激励的过程中，应特别关注任务绩效和关联绩效在激励机制中的不同地位和作用，并采取积极有效的措施提升员工的组织承诺水平。张燕楠（2008）的研究结果表明：激励机制可以有效地提升组织绩效，而非货币化的内在激励对于员工实现自我价值和自我满足具有更为重要的意义，从而促使员工更好地达成组织绩效。然而劳动本身与组织内在激励效应之间是否具有因果关系，一直是人们争论的热点问题。李卫东、刘洪（2011）研究发现：影响研发人员知识共享意愿的最大因素是属于内在激励的助人所得乐趣；无论是在职能团队还是在跨职能团队中，内在激励对研发人员知识共享意愿均有显著正向影响；团队类型对外在激励因素（组织报酬因素）与知识共享意愿关系具有显著调节作用。即在跨职能团队中外在激励对研发人员知识共享意愿有显著正向影响，而在职能团队中外在激励对知识共享意愿则呈现弱的负向影响。

知识共享的激励问题是知识管理研究领域的一个焦点议题。金辉（2013）从内、外生激励的视角出发，选取物质奖励和互惠关系作为外生激励因素的代理变量，选取知识共享的自我效能和助人的愉悦感作为内生激励因素的代理变量，探究内生激励和外生激励对员工知识共享的影响机制，及内、外生激励因素间的交互作用关系。研究结果表明，内生激励因素主要通过作用于个体的行为态度进而影响个体的知识共享意愿，外生激励因素主要通过作用于个体的主观规范进而影响个体的知识共享意愿，期望的物质奖励对内生激励因素产生挤出效应，期望的互惠关系对内生激励因素产生挤入效应。

2.3 相关研究综述

2.3.1 创新导向相关研究

学者们对创新导向的相关研究主要包括组织战略层面、组织文化层面、组织绩效层面以及组织资源层面等方面。

(1) 创新导向的组织战略层面

现代社会的国际竞争是创新能力和科技实力的竞争。国际新经济增长点以创新驱动为依靠,并以新产业的发展为主要特征。因此,发展中国家和新兴经济体都更加重视国家层面的创新战略,希望通过创新来拉动经济增长,抢占未来竞争胜利。在这种大背景下,我国就必须通过实施创新驱动,加快关键领域的核心技术突破,加速创新成果转化为现实生产力,在本轮经济复苏过程中提升国际竞争力(毕新华,李建军,2015)①。在国家创新驱动的背景下,对于企业,就要关注创新导向战略。过去常用的概念是技术创新,现在关注科技创新。这反映创新产生的改变,促进经济发展方式转变的创新驱动不是单一方面的创新,而且是产业创新、科技创新、产品创新、制度创新、战略创新和文化创新所发生的综合协同作用,是共同作用的综合创新(任保平,郭晗,2013)。一个公司必须是具有创新性的战略,才能在动态不稳定的环境中生存(Calantone et al., 2002)。一个企业成功的关键因素是其创新性的程度(Hurley, Hult& Tomas, 1998, Porter, 1990)。

伯松(Berthon)和赫尔伯特(Hulbert)(1999)认为许多学者经过理论和实践研究表明市场导向和创新导向是企业获得长期成功的最重要的两个战略导向,战略导向是指一个企业的战略方向,它保证了企业产生合适的行为从而获得优越的绩效。其中创新导向的企业战略认为,消费者更加倾向于在技术上领先的产品与服务,所以创业企业应当将有限的精力与资源投入到对新产品和服务的研发与推广上来。而市场导向的企业战略或者称之为客户导向的企业战略更加关注当前消费者的需要与需求,着重生产和提供能够满足当下消费者的需求的产品与服务。在这两种分析上不难看

---

① 毕新华,李建军. 创新驱动对经济发展的制度设计研究 [J]. 学习与探索,2015 (11):82 – 84.

出,市场导向的企业战略虽然能够有效满足现实市场上消费者的需求与需要,短期内能够帮助企业占取市场或者在市场上获得优势,但是不利于企业长远发展。因为消费者的需要在不断变化,如果不能及时预测或者抓住这种变化,最终还是会被消费者抛弃。所以,通过不断创新来满足和引导不断变化的消费者,才能帮助创业企业在市场上获得长期的竞争优势。企业皆希望经过积极创新来强化企业的市场地位。一个很好的例子即是苹果公司在本身跟其他企业比较没有技术专利优势的情况下,采取积极的创新导向战略,通过iPhone、iPad以及iTunes等软硬件结合模式在移动联网时代先发,让Sony等老牌企业望尘莫及。因此创新导向是一种机制,主要关于创新点的选择、创新能力的培养和创新的执行。创新导向能够把企业的自有资源进行一个新的组合,寻找突破性创新的市场焦点,并且能够通过这种创新活动去建立新的市场规则。显然创新导向是一种基于超前执行的战略导向,不但要能够超前发现,还需要超前培养执行能力,超前执行。

西格瓦(Siguaw)等(2006)基于资源基础理论和知识基础理论,把创新导向定义为一个能控制和指引所有的组织战略和行动,促使组织拥有创新意识,并有利于组织成功的开发和完成多种创新的知识结构。而且企业中各个系统中的行为、模式和流程都会受到创新导向的影响。创新导向表现在学习理论、战略方向和跨职能合作三个维度。其中学习理论是指组织中有关于知识的学习、获取、思考、使用和传递等一系列,使组织持续创新的这样一个目标,深入人心的组织理念。战略方向是指组织对自身的判断和对企业组织行为的规范,以及对组织未来的发展目标确定的战略指引。只有明确了组织的未来的战略发展方向,有助于创新活动达成组织战略目标,从而更好地让创新活动与组织战略目标保持一致,确保创新即时有效的发生。

杜鹏(2008)认为创新导向与技术导向有一些类似,因为它加强了企业取得新技术和知识来满足已存在或潜在新需求的意愿和能力。创新导向具有三个比较明显的特征,即敢于承担风险、在行动上具有先知效应和在业务特征上具有破坏性创新。对企业来说,创新导向有明显的优势。这主要是因为:第一,创新导向倾向于培养员工的创造力,从而激发员工拥有创造性的想法和解决方案,促进员工主动性学习①。第二,创新导向可以描述为在创新过程中主动进行试验、主动承担风险的学习和选择机制。它能促进资源重新组合,其创造性具有的破坏行为可以对顾客、竞争和环境提出了质疑,从而产生了突破性的创新活动,并因此建立了新的行业规则②。江岩(2008)研究了双元型创新与高管团队的相互关系。探索型创新和开发型创新(双元型创新)以不同的方式影响企业绩效,双元型创新在整合两种创新导向的基础上,对企业绩效产生了更强的正面影响;CEO的转换型领导和交易型领导分别引导不同的创新战略,CEO综合运用两种领导方式,有利于形成双元型创新战略;资源余裕和环境不确定性构成领导行为影响创新战略导向的内部和外部情境因素,交易型领导行为的作用具有跨情境的稳定性,而转换型领导只有在特定情境才更为有效;高管团队职能背景异质性和任期异质性显著影响双元型创新战略,而学历异质性和所学专业异质性没有显著影响。

辛普森(Simpson),西格瓦和恩茨(Enz)(2006)的研究证实,创新导向能使企业突破性创新和渐进性创新达到理想水平。并且指出创新导向是一种战略方向,它是由学习导向与职能间协调共同组成③。跨职能协同是指企业中的共用一个相同的知识结构,指导各个组织领域中的每一个

---

① Baker, William E, Sinkula J M. The synergistic effect of market orientation and learning orientation on organizational performance [J]. Journal of the Academy of Marketing Science. 1999, 27 (4): 411 – 427.
② 杜鹏,万后芬. 创新导向与市场导向的融合:一个实证研究 [J]. 管理科学, 2007, 20 (1): 64 – 73.
③ Simpson P M, Siguaw J A, Enz C A. Innovation orientation out comes: the good and the bad [J]. Journal of Business Research, 2006, 9: 1133 – 1141.

人,也就是说这种知识结构被组织成员广泛认同,它能够促进知识在各个部门之间传递,鼓励组织间的交流沟通,以便在所有的职能部门里保持观点的多样性和培养合作的理念,培养创新意识,从而有利于企业组织整体上的创新。

(2)创新导向的组织文化层面

创新导向是指企业文化中对新事物的接受程度,反映了企业重视和鼓励创新的程度。企业接受一个新事物往往会遇到阻力,无论来自内部还是外部,创新导向则是企业克服这些阻力,成功地接受和实施新政策、新流程或应用新产品的关键因素。

赫尔利(Hurley)& 霍特(Hult)(1998)指出强调学习、管理参与程度、合作文化以及分享溢出的利益,这些因素都可以对企业的创新导向产生相当大的影响。如果创新导向在一个企业的企业文化中占有极大的地位,那么企业一旦拥有创新的机遇,就马上会对外部环境作出积极的响应,整合利用内外部资源,使用创新事物实施创新,发挥本身的最大限度潜力,迅速在市场中占有优异的地位。他们在萨尔特曼(Zaltman)、邓肯(Duncan)和霍尔贝克(Holbek)(1973)提出了创新由两个部分构成,即创新导向和创新能力,这是创新从开始到执行的两个过程。其中,在创新的开始阶段,也就是创新导向,即"创新的开放程度"。当企业组织引入新管理方法、新系统、新流程和新的组织机构时,往往会因为利益相关者反对的态度而受到阻碍,而创新导向则可以帮助组织减轻和消除阻碍。当企业文化中包含创新导向的成分,那么当企业遇到机遇的时候,就会对外界作出灵活反应,发挥自身潜力,整合资源,开发创新并实施创新,获得更加良好的企业业绩和取得有竞争性市场地位。企业文化中的创新导向会促进创新能力提升。确定创新执行,拥有更高创新能力的企业能更好地回应他们所处的环境,作出灵活反应,能培养企业创新的能力,从而获得竞争优势和更高的企业绩效。

阿玛贝尔（1997）认为创新导向最突出的表现是：企业文化不鼓励维持现状，鼓励员工敢于冒险，企业把改革创新放在非常重要的位置上；创新导向组织成员能够因自己在企业中的职位和自己的工作职责感到满意，因工作结果有成就感，因企业拥有自豪感，能够积极自我激励，并追求更高的工作结果；相对于维持原状的防御性战略，创新导向企业更积极采取进攻型战略，谋求获得市场领导地位。伯森（Berthon, 1999）认为，创新导向由两部分构成，即反映在文化开放度上的"乐于接受创新"和体现在行为倾向性上的"具有创新能力"，既与文化相关，也与行为相联。李玉辉（2010）等则认为创新导向是一种存在于组织知识结构内的文化形态，是可推动组织走向创新活动的系统概念。他们的共同点是：创新导向引导或指引企业进行创新活动，它源自组织内部对创新一致的看法和态度，它促使组织生成一种有利于创新的倾向。

杨智、张茜岚、谢春燕（2009）研究表明，创新导向是战略导向，更是一种企业文化，是指导企业经营实现的指导原则。企业要高效地实施创新导向，首先必须树立创新导向价值观，逐步形成一种创新导向的企业文化，并将之渗透到每一个员工的心中，创新导向价值观指导企业和员工的正确行为，为创新导向的创新提供良好的文化环境，从而才能真正有效地实施创新导向。

（3）创新导向的组织绩效层面

创新导向被看作是一个多维度的战略概念范畴。创新导向反映了组织整个创新体系，是创新成果、创新努力及市场进入时机等三个阶段构成的综合过程。创新导向是企业在竞争对手之前，对市场作出准确评估，研究开发出能够吸引目标消费者的新产品，并快速投入市场，获得市场竞争优势。研究创新导向与组织绩效的关系是非常有实际意义的。以下学者们通过不同的角度，在创新导向与组织绩效之间做了研究。

李悦（2012）对组织的创新导向内涵与创新导向组织绩效进行了研

究，他在回顾现有研究的基础上，对组织创新导向的内涵进行了深入分析，验证了组织创新导向由"学习驱动""氛围塑造"和"创新承诺"这三个核心要素构成。分析了组织创新导向对组织创新绩效的影响机制，并验证了组织创新导向对组织创新绩效具有显著的正向影响。段艳玲、张婧（2010）基于我国227家制造型企业的问卷调查数据，实证考察了市场导向和创新导向对新产品开发绩效的影响，以及创新导向和环境变动在市场导向和新产品绩效关系中的调节作用。研究结果显示：创新导向对制造型企业新产品开发绩效有显著正向影响，创新导向和技术变化对于市场导向和新产品绩效的关系起到正向调节作用；创新导向对于制造型企业改善产品创新绩效具有重要的启示意义。杨智、张茜岚、谢春燕（2009）在对国内外相关研究文献梳理的基础上，通过深度访谈等定性研究方法，探索性地构建了以营销能力为中介变量和环境不确定性作为调节变量的市场导向和创新导向对企业绩效影响的概念模型。研究发现：创新导向透过营销能力对企业绩效产生正向影响，营销能力在创新导向与企业绩效之间具有完全中介效应。吴晓云、张峰（2014）考察了关系资源对营销能力的影响机制。在归纳营销能力特征的基础上，分别提出了顾客导向、创新导向和市场竞争强度的作用效应。研究发现，关系资源能够提升营销能力，但二者并非简单的直接作用关系；创新导向分别在关系资源与营销能力之间起中介作用，它们是连接二者的中间桥梁。简言之，只有那些以顾客为中心、重视创新以及处在激烈竞争市场中注重平衡内外部条件的企业，才会更积极、有效地将社会资本转化为营销能力。这也在一定程度上解释了为什么一些企业能够注重创新，并能够借助社会资本有效地提升自身能力并发展壮大，而大多数企业忽视创新，所以不能发展壮大的社会现实。

郭贤达、孙瑾、吴坚、陈荣（2009）在市场导向相关研究的基础上，探索了顾客导向（Customer Orientation）以及创新导向（Innovation Orientation）经由组织学习（Organizational Learning）对公司绩效（Firm Performance）的影响。通过对制造企业的调查，发现顾客导向和创新导向都对组织学习产生正向影响，组织学习提高了公司的新产品绩效（New Product Performance），最终提升了公司绩效。杜鹏、万后芬（2007）认为市场导向主要体现企业对市场环境变化作出反应的适应性能力，而创新导向则是企业通过超前和积极进取的主动性来改变竞争优势的环境管理能力，两种导向的有效协同将会帮助企业更好地理解目前和将来的顾客、竞争者和其他环境条件，进而在满足顾客需求方面会有更全面的适应能力和环境管理能力。在比较创新导向和市场导向的基础上，以市场导向和创新导向维度区分四种不同导向的企业，讨论各导向类型之间的关系。创新导向表明组织必须不停地开发环境的不确定性，为环境动荡所导致的组织危机提供合适的战略反应基础。创新导向是驱动力，而市场导向是连接外部顾客和竞争的通道，创新导向可以通过市场导向来应对外部环境的变化。因此创新导向型组织就更有利于市场导向的建立。李先江（2011）在文献综述的基础上将突破性营销创新作为创新导向和企业绩效间关系的中介变量，将突破性营销创新划分为以技术为基础的突破性产品创新、以市场为基础的突破性产品创新和突破性价值网创新，构建了创新导向、突破性营销创新、企业绩效的连锁关系模型。研究发现：创新导向对以技术为基础的突破性产品创新、以市场为基础的突破性产品创新和突破性价值网创新有正向的积极影响，创新导向对企业绩效的正向影响不显著，但可以通过突破性营销创新间接对企业绩效施加正向积极影响。杨智、俞沈锋等（2009）在相关研究的基础上，将渐进性创新和突破性创新作为中介变量，构建了市场导向、创新导向对企业绩效影响的概念模型，并以湖南省企业为样本对其进行了经验检验。研究发现，市场导向和创新导向对企业绩效有显著的正向影响，渐进性创新和突破性创新在其间发挥了重要的中介作用。该结论进一步丰富了战略导向理论，为企业战略导向的实施提供了一种新思路。

张伟兵、张永军（2012）认为在知识经济时代，创新已成为组织获取并保持竞争优势的关键，组织构建创新导向的绩效管理系统非常重要。他们探讨了能够有效促进创新的绩效管理系统的特征，并从知识共享的视角，揭示了绩效管理体系和绩效考核反应推动创新的途径。贾建锋、唐贵瑶（2015）基于权变理论，系统分析了高管胜任特征与战略导向的匹配对企业绩效的影响。研究结果显示：成本导向型、创新导向型和质量导向型三种战略导向类型在我国企业确实存在，且不同类型的战略导向对企业绩效有差异性影响。其中创新导向型企业与质量导向型企业都比成本导向型企业具有较高的财务绩效和人力资源绩效。单维度高管胜任特征与不同战略导向匹配对企业绩效有差异性影响。其中战略意识对各战略导向型企业的绩效均有显著影响。组织建设能力对质量导向型与创新导向型企业的绩效有显著影响。品质素养对质量导向型企业的绩效和创新导向型企业的人力资源绩效有显著影响。而洞察力仅对质量导向型与创新导向型企业的人力资源绩效有显著影响。多维度高管胜任特征与不同战略导向匹配对企业绩效有差异性影响。高管战略意识与成本导向型和质量导向型企业匹配。高管战略意识和组织建设能力与创新导向型企业匹配。

李先江（2014）将营销创新作为中介变量，并将营销创新划分为渐进式营销创新和突破式营销创新，构建了绿色创业企业复合导向对组织绩效影响的概念模型。研究发现，营销创新在复合导向与组织绩效之间发挥完全中介作用。其中，渐进式营销创新在市场导向与组织绩效之间发挥完全中介作用，突破式营销创新在创新导向与组织绩效之间发挥完全中介作用。田茂利（2011）在随机选取158家知识型企业进行问卷调查的基础上，对创新导向和企业绩效之间的关系进行检验。研究发现，创新导向对企业绩效有显著的正向影响，并且创新导向更有利于成长绩效的改善。同时，创新导向不仅对企业绩效有直接影响，而且通过创新网络对企业绩效有间接影响。

(4) 创新导向与组织资源层面

在新世纪，随着新技术革命的发展和经济全球化趋势的不断推进，企业成了创新的主体并表现出源源不断的创新活力。企业之所以能够进行持续创新，主要是源于企业自身对创新信念的坚持和对创新本质的理解，而这种信念的坚持和理解正是创新导向的内涵。企业要想获得持续的发展和盈利，就必须进行创新信念的培养与坚持。即选择创新导向的发展战略。而要想实现创新导向发展战略，企业就必须在创新导向过程中进行组织资源的选择和优化。创新导向企业的组织资源优化研究就越来越受到理论界和实业界的关注。

建洪等（2015）以企业网络能力禀赋对创新型企业的影响为切入点，在证明网络能力四个维度——愿景能力、构建能力、关系管理能力和关系控制能力对创新型企业存在显著影响的基础上，探讨了企业战略的创新导向在这一影响过程中的扰动作用。并应用调研数据对这种作用进行了验证。结果发现战略的创新导向在网络能力与创新型企业间起着显著的调节作用。高的战略创新导向会增强网络能力对创新型企业的正向作用；而低的战略创新导向则会弱化网络能力对创新型企业的正向作用，甚至可能使这种作用的方向发生逆转。这表明企业在战略层面强化创新导向，引导资源向创新活动集聚，促进组织内崇尚创新的氛围的形成，才有利于网络能力禀赋与战略的匹配，促进创新型企业的建设。何建洪等（2014）以既有技术能力对创新型企业的影响为切入点，首先分析了技术能力中技术吸收能力和技术创新能力对创新型企业的显著影响，进而探讨企业创新导向在这一影响过程中的扰动作用，并应用调研数据对该作用进行了验证。结果发现，战略创新导向在技术能力作用于创新型企业的过程中起调节作用，强的战略创新导向会强化技术能力对创新型企业的正向作用，弱的战略创新导向则会弱化技术能力对创新型企业的作用。企业在致力于构建技术能力基础的同时，还需要提高战略创新导向与技术能力的匹配性，这样才有利于促进创新型企业建设。

王进和王珏（2012）主要探讨领导创新导向学习对管理能力与岗位绩效的影响，同时分析组织认同在此过程中所扮演的角色。研究发现：创新导向学习、组织认同以及两者的互释效果能够显著提升领导管理能力，进而增进岗位绩效。这表明领导管理能力虽由创新导向学习达成，但组织认同对领导管理能力的提升亦是不可或缺的推手。刘晓峰（2013）认为科技创新服务平台是由服务政府向社会提供的一种科技类的服务产品，包括共性技术平台、创新创业平台和资源共享平台三类科技平台。架构面向区域创新的资源服务平台，需要通过网络系统把区域创新系统内的各种资源结合起来，建立统一的数据和信息交换平台，提供面向用户的跨区域、跨部门的共享服务。基于区域经济社会发展特点和发展要求，各区域需要以政府主导搭建基于区域创新的区域科技公共服务平台支撑体系，包括基础设施规划建设、平台基本架构和功能拓展。这是平台顺畅运行和长效发展的保障。侯汉坡和殷晓倩（2010）认为知识管理伴随知识经济产生，以提高知识活动效率和效益为目的，是提高企业技术创新能力的有效方式。把知识管理与技术创新进行有机结合，将成为企业获取竞争优势的重要途径。在技术创新分类的基础上，构建出三种知识管理模式。即集成创新导向下的知识管理模式、跟随创新导向下的知识管理模式以及原始创新导向下的知识管理模式。并运用知识管理理论对创新过程进行解释，以帮助企业有效地进行知识挖掘和创新，最后给出运用知识管理提高技术创新能力的具体操作方法。孙瑞（2014）则主要从创新导向理论、企业组织结构理论、企业组织结构演化理论等相关理论出发，以创新导向企业组织结构选择为重点研究对象，在此基础上提出创新导向生命周期理论，并在生命周期理论下重点研究创新导向企业的组织结构选择机制。

2.3.2 组织氛围相关研究

以下内容将对组织氛围的内涵及其对创新行为的影响进行归纳总结。

(1) 组织氛围的内涵

组织气氛 (Organizational Climate), 是组织气氛研究的深化, 要理清组织气氛的概念, 首先需要了解组织气氛的概念。

对于组织氛围的研究主要源于心理学领域对心理氛围的研究。组织气氛, 即员工感知到的气氛, 没有具体形态, 像空气一样, 却在员工周围无处不在。列文 (Lewin, 1936) 首次在其著作中提出了团体气氛或氛围的概念。他认为组织氛围是不同个体认知之间相似或相同的部分或是组织内部个体的共同知觉, 用以描述一般环境刺激与人类行为之间动态的复杂关系。继列文之后, 关于组织氛围的定义衍生出很多观点。[1]

历史上对组织氛围与创新氛围的发展分为两个分支, 一个是从创新的角度出发, 一个是从组织的发展角度出发。在20世纪80年代, 创新研究成为西方组织行为学领域的一个热门课题。早期的创新研究主要关注个体因素对创新的影响。研究发现创新性人格、创新能力、认知风格、创新自我效能、积极的情绪状态、心理安全感等对创新有促进作用[2]。莎莉 (2009)、阿玛贝尔 (1996) 逐渐意识到, 很多环境和情境因素对个体、团队及组织的创新也有重要影响作用。因此, 研究的焦点开始转向对创新气氛的探讨。阿玛贝尔 (1996) 等人认为组织气氛是指员工描述组织是否具有创新环境的主观感受, 也就是组织内成员对于组织管理方法、管理者的风格及所处环境因素产生感知以后, 形成的成员自身对待创新的态度、价

---

[1] 张超. 组织氛围、主管支持感与公务员创新意愿关系的实证研究 [D]. 成都: 西南财经大学, 2012.

[2] 张海涛, 龙立荣. 中国企业组织战略与组织创新气氛的关系研究 [J]. 华东经济管理, 2013 (10): 102–108.

值观、动机和方法,这将影响创新行为的产生。

20世纪90年代以来,组织氛围的研究重点逐渐由一般领域向特定领域的氛围转变,如创新氛围、安全氛围、学习氛围等。帕克(Parker,2003)和帕特森(Patterson,2004)认为,组织氛围是组织成员对组织客观特性的总体认知,是一个相对稳定的内部环境特点,它是使得组织与其他组织区别开来的类似于组织的"人格"。而组织创新氛围则是组织氛围研究的细化和深化。这是从组织层面的组织氛围的变化①。

对组织创新气氛的定义存在两种观点,一种观点认为组织创新气氛是"客观事实",独立于组织成员感知和理解之外;另外一种观点也是大多数学者普遍赞同的观点,认为组织创新气氛是组织层面分析的理论框架,是组织成员对所在组织的创新工作环境的共享认知。②

特拉莎·阿玛贝尔(1993)提出了组织创新气氛的定义,它是成员是否能够感受到组织具有创新环境。如果一个组织气氛具有创造性和革新性两个特点,这样的组织具有一些基本因素。比如它应包括努力完成挑战性工作目标、工作自由度、工作自主性、接受新点子、接受新方法、允许员工小规模犯错、对工作的好坏进行适当反馈、对创造性工作给予适当奖励。特斯拉克(Tesluk,1997)提出创新的组织气氛是一种个体对组织管理政策、管理实践和组织流程的感知。并且个体愿意将创新工作完成,使之转化为新产品,持续地提出新想法、新点子,对现在流程业务再造以及从整体上提升组织创新能力的环境氛围。我国学者林佳慧(2000)指出组织创新是指个体进入组织后,会先感觉组织是否具有创新环境的特质,进而决定是否为这个组织提供持续的创新能力。王雁飞、朱瑜(2006)认为组织氛围是组织内部的一种氛围,组织成员共同感知并影响组织创新行为

---

① 彭国红. 企业家精神对组织创新的影响 [D]. 武汉:武汉大学,2011.
② 张海涛,龙立荣. 组织创新气氛影响因素研究综述 [J]. 科技管理研究,2014(7):115-122.

的持久特性,组织成员会感知组织环境的创新可能性和组织对创新的回报态度。这种感知会影响到个体的工作态度、工作动机、价值观和创新行为的产生,并会影响到整个组织的创新能力与组织的整体业绩。郑建君、金盛华和马国义(2009)从个体角度出发,指出组织氛围是组织成员对是否能够提供创新行为的组织环境和组织情境的整体性感知。彭国红、邹薇(2011)指出组织气氛是能够被组织成员感知到的存在于组织内部的气氛。组织成员对组织创新行为、管理行为等有相关的主观认知,并将组织创新目标分解为能够具体实施并且可以提高组织创新能力的组织氛围。具体而言,组织氛围是组织成员能够感知到组织环境是否具有创新的可持续性。这种感知会影响到个体是否持续提供工作价值观、工作动机、工作态度和创新行为,最终影响到整个组织的创新能力与组织的业绩。连欣、杨百寅、马月婷(2013)指出创新氛围是组织氛围的一种,是组织成员对创新环境的整体感知。也即创新氛围是组织成员对组织管理方法、实际管理手段、管理流程和管理制度等是否具有创新性的主观认知。创新氛围会对组织成员个体的工作动机、价值观、工作信念、工作态度和创新行为产生影响。顾远东、周文莉、彭纪生(2014)将组织氛围界定为:研发人员直接或间接知觉到的工作环境中一组可以测量的、有利于其创造性发挥的组织特质。包括团队合作、学习成长、组织鼓励和主管鼓励4个方面。其中,团队合作氛围是指团队成员拥有良好共识与一致目标。在工作过程中相互信任与支持,经常交换心得,并以沟通协调的方式来解决问题与冲突;学习成长氛围是指组织为员工提供良好的教育训练与进修机会,鼓励员工参与学习与研讨活动;主管鼓励氛围是指主管尊重员工不同意见,并能以身作则,适当授权,支持员工创新;组织鼓励氛围是指组织鼓励员工创新性思考和试错精神,并提供专业技术、信息与设备等方面的支持。①

---

① 顾远东,周文莉,彭纪生. 组织创新氛围、成败经历感知对研发人员创新效能感的影响 [J]. 研究与发展管理,2014 (5):82-94.

综合以上学者们的意见，创新氛围是组织成员感知到工作环境是否支持新创意和创新行为以及创新程度的主观知觉和描述，会影响组织成员对工作的态度、工作动机、价值观、信念和创新行为，从而影响到整个组织的持续创新能力和组织绩效的结果。尽管学者们对于创新氛围的研究角度有所不同，但对创新氛围内涵的研究有以下三点共识：第一，创新氛围是组织成员对创新环境的感知，是认知层面的含义，创新氛围是组织氛围的一种，这就使创新氛围可以被测量并且具有理论支持；第二，创新氛围会对组织成员的工作态度、工作动机、价值观、创新行为都会产生影响，创新氛围会对创新个体的工作动机、工作态度和创新行为产生持续的影响；第三，创新氛围的定义具有多重性，不是对单一的某种现象或事件产生的认知[1]。

(2) 组织氛围与创新行为的关系

近些年，针对组织氛围对个体创新行为影响的研究很多，组织氛围会对员工个体的创新行为产生影响已经得到很多学者的认同。组织氛围的研究者们更多关注组织系统对群体和个体所产生的影响，首先从组织层面不同的维度对组织氛围对创新行为的影响做了研究。

①早期组织氛围的研究结果

阿玛贝尔（1996）、坎特（Kanter，1988）、斯科特 & 布鲁斯（1994）、韦斯特（West，2002）都认为组织氛围对创新行为是具有影响的。兹穆德（Zmud，1982）认为创新来自组织氛围，从氛围中组织成员感知到对组织创新的需求、组织提供创新的机会以及支持员工对创新的努力。阿贝（Abbey）和迪克森（Dickson）（1983）通过研究表明，创新的关键因素是组织鼓励与支持创新，是影响研发人员有良好创新绩效的核心。阿玛贝尔、康蒂（Conti）和科翁（Coon）（1996），和乔治（George）（2001）等

---

[1] 杨百寅，连欣，马月婷. 中国企业组织创新氛围的结构和测量 [J]. 科学学与科学技术管理，2013（8）：43-55.

验证了组织创新支持与员工创新行为之间的显著正相关关系。同时验证了领导能力与员工创新行为之间是有相互关联的。此外，奥尔德姆（Oldham，1996）、蒂尔尼（Tierney）和法默（Farmer）（2002）指出特定的任务特征，如工作任务的复杂程度、工作是否具有挑战性以及工作自主性等与员工创造力之间呈正相关关系。并且影响员工创新能力的发挥还有时间、信息、物资、领导支持等资源的是否充足，这些资源对员工创新行为的实现起到了重要作用。组织气氛是可以通过中介变量对员工创新行为产生作用的。比如蒂尔尼和法默（2004）认为心理授权中的自我效能感在组织氛围与员工创新行为之间起到中介作用。巴拉德瓦杰（Bharadwaj，1996）认为良好的组织氛围能够有效地预知工作团队的创新行为行为和创新绩效。享特和芒福德（Hunter & Mumford，1998）认为组织氛围是推动组织成员创新行为的关键因素。斯科特 & 布鲁斯研究了影响员工创新行为的相关因素，他们发现员工创新行为与组织的支持以及创新资源供给等显著相关。拉摩阿瑟和弗勒德（Ramamoorthy & Flood，2005）认为组织的薪酬福利刺激、公平的奖励系统对员工的创新行为持续性有显著的影响。弗雷德里克森和阿玛贝尔（Frederickson & Amabile，1998）认为工作中的情感激励对员工创新行为有积极的正向影响。奥尔德姆（1996）的研究表明工作任务的复杂程度、工作自主性、工作挑战程度、工作自治能激励员工的创新活动。薛靖（2006）发现工作团队的大力支持与员工创新行为正相关。

②组织结构和组织变革

特斯拉克（1997）从创新主体的角度来研究，创新氛围是组织创新主体对组织环境是否具有创新性的整体感知。伊萨克森（Isaksen，2000）认为，组织氛围能够影响员工的创新行为，最终影响组织的创新行为和创新绩效。巴拉德瓦杰（2000）从创新的主客体之间交互过程来研究，认为组织氛围是组织成员与组织环境相互作用的结果，且任何因素都不能独立决定组织氛围。这种观点既关注了创新主体的作用，也关注了创新客体的作用，克服了顾此失彼的缺陷，同时还强调了认知的作用[①]。马丁（Martin，2005）等指出，组织氛围可以影响组织变革。他们通过对1600多名员工的调查得出结论，良好的组织氛围能够促进员工积极地配合组织变革。同时提高员工对组织的认同感，提高工作满意度、工作责任感，降低了组织的主动流转率、缺勤率和病假率。刘群慧（2009）认为扁平化的无边界组织结构有利于帮助员工产生创新行为，增强员工创新自主性和主动性，能够产生良性的组织气氛。实证结果也证明扁平化的无边界组织结构对组织创新气氛具有显著的正向影响。袁林、谭文、邵云飞（2015）研究发现，组织氛围对企业专利创造能力有正向影响，组织学习能力在组织氛围与企业专利创造能力之间起完全中介作用，企业规模正向调节组织氛围对企业专利创造能力的影响假设不成立。曹雁翎（2008）在对组织氛围、组织变革进行讨论的基础上，认为组织氛围对组织变革能够施加影响，并把衡量组织氛围的维度归结为两个，即压力和维持稳定的偏好。根据这两个维度的高低，推导出存在四种类型组织氛围——内部进展型组织氛围、合理目标型组织氛围、发展型组织氛围、团队型组织氛围。讨论了四种组织氛围下各自组织的变革方式，得出了不同的结论。

③组织氛围的结构和维度

埃克瓦尔和雷哈姆马尔（Ekvall & Ryhammar，1999）通过研究组织结构与组织气氛的关系，发现组织结构的三个维度：次序性，计划性、透明性。中心化、规范化、开放性、多样性都与创新气氛显著相关。不过其中次序性，计划性、透明性和开放性、多样性与创新气氛显著正相关；中心性、规范化与创新气氛显著负相关；同时发现开放性、多样性对创新气氛

[①] 方来坛，张风华. 组织创新氛围：一个不断发展的研究领域［J］. 科学学研究，2008（10）：189–193.

有显著的正向影响①。他们对领导风格与组织气氛的关系进行了推断,实证结果发现领导风格的三个维度:变革、发展方向,工作内容,结构方向;员工、关系方向分别与创新气氛显著相关。同时员工与领导关系方向对组织气氛有显著正相关。

王雁飞和朱瑜(2006)认为组织氛围是能够被组织成员感知到的,存在于组织内部的气氛,并对组织成员的创新行为有持久影响。它是组织成员是否能够感知到组织环境,并且支持组织成员的创新行为,这种感知会影响个体的工作态度、工作动机、价值观、工作信念和创新行为,最终影响到整个组织的创新能力与组织绩效。当前的组织正处激烈竞争的不断变化的外部环境之中,组织之间、团队成员之间的合作相互频繁,特别是在重要的创新型项目中,更需要多个组织的紧密合作,团队成员的选择都是对组织的创新氛围的一种感知,最终做出团队的集体决策。

王宁、罗瑾琏(2009)根据因子得分系数,将组织创新氛围归纳为工作自主性与挑战程度、组织工作效率、资源提供、团队合作程度、工作压力、领导支持、团队支持和团队灵活性。这表明组织氛围是一个复杂的多维度体系,良好的组织氛围既需要主管支持、团队成员支持,还需要团队整体的自身的改善。

王仙雅、林盛、陈立芸、白寅(2014)通过引入员工的隐性知识共享行为,深入研究了组织氛围对员工创新绩效的影响机制。结构方程模型分析的结果表明:信任氛围、沟通氛围和公平氛围显著影响员工的隐性知识共享行为,并且员工的隐性知识共享行为显著影响员工个体创新成果;良好的沟通和情绪控制对员工创新绩效的直接影响显著;隐性知识共享行为在信任氛围、沟通氛围、公平氛围与创新绩效的关系中扮演着中介变量的角色。

---

① 张海涛,龙立荣.组织创新气氛影响因素研究综述[J].科技管理研究,2014(7):115-122.

④组织氛围的员工感知角度

王士红、徐彪、彭纪生（2013）通过实证研究发现，团队成员的良好合作关系、组织氛围对员工创新行为有正相关；公平感对员工创新行为没有显著影响；知识共享意愿在创新氛围中对员工创新行为起到部分中介作用；知识共享意愿在团队成员友好关系与员工创新行为关系中起部分中介作用。顾远东、周文莉、彭纪生（2014）基于认知理论和心理学的基础，实证组织氛围、成功经历感知与知识型员工创新效能感的关系。在他们的研究中，组织氛围分为四个维度——团队合作、学习成长、主管支持和组织支持。成功和失败经历对知识型员工创新效能感有显著影响；主管支持和组织支持在知识型员工成败经历的感知关系中起部分中介作用，培训发展则通过成功经历的感知起到完全中介作用。刘云、石金涛（2009）对956份样本做出分析，从实践问题与发展的角度，认为心理授权在组织支持与员工创新行为之间起到部分中介作用，心理授权在主管支持与员工创新行为之间起到完全中介作用。同时，他们在成熟量表基础上开发了组织氛围、主管主持、组织支持等维度的量表。这个量表用来测量组织氛围与员工创新行为的相互关系。王端旭、洪雁（2011）认为员工创造力已经成为新经济条件下企业赢得竞争优势的决定性因素。虽然研究发现组织氛围对员工创造力具有影响作用，但是这种影响的中介机制并没有得到充分的诠释。激发员工创造力的关键是洞察员工参与创造性活动的心理状态，内部动机和心理投入分别描述了员工为工作本身所吸引以及完全专注于工作的内在状态，因此，两者构成组织氛围影响员工创造力的潜在中介机制。通过不同类型员工调查分析发现，支持性组织氛围与员工创造力存在显著正相关关系，内部动机和心理投入在两者之间发挥中介作用。为了提升员工创造力，企业应营造支持性组织氛围，并密切关注员工的内部动机和心理投入状况。

谢荷锋（2007）认为，良好的组织氛围对企业员工的知识分享行为具有积极的影响。通过对国内员工的调查检验了组织氛围中的创新氛围、公平氛围、支持氛围、人际氛围和身份认同氛围五个维度对员工非正式知识分享行为的激励功能。结论显示，公平氛围和身份认同氛围对员工非正式知识分享行为有显著的激励效应。同年，他研究了组织氛围中的创新、公平、支持、人际关系和员工身份认同五个子氛围对员工非正式知识分享行为的两种影响效应。结果显示：在员工非正式知识分享中，公平氛围和身份认同氛围具有激励效应，创新氛围和人际关系氛围则具有显著的约束效应，支持氛围既具激励效应，也具有约束效应。

王元元、余嘉元、李杨（2012）的研究结果表明：组织氛围对员工行为有效性有积极的影响。员工的自我效能感在组织氛围与绩效间起完全中介作用，在组织氛围与组织承诺间起部分中介作用，在组织氛围与满意度之间没有中介效应。员工的自我效能感、满意度和组织承诺在组织氛围与员工绩效间起完全中介作用。组织氛围对员工绩效的影响存在双重中介效应。结论：组织氛围对员工绩效的影响机制非常复杂，不仅可以直接影响，而且还可以通过影响员工的自我效能感、满意度和组织承诺等多种中介效应来影响。崔勋、张义明、瞿皎姣（2012）探讨了劳资双赢、劳资对立和员工参与三种劳动关系氛围对员工内在和外在满意度的直接影响，以及员工组织承诺在上述关系中的调节作用。研究发现，劳资双赢氛围显著地提升员工的内在和外在满意度，劳资对立氛围显著地降低员工的内在和外在满意度，员工参与氛围仅能显著提升员工的内在工作满意度。同时，员工组织承诺中的情感承诺能显著增强劳资双赢氛围对内在和外在工作满意度的积极影响，但仅能显著降低劳资对立氛围对内在工作满意度的消极影响，而对员工参与氛围的影响不具有调节作用。

⑤组织氛围的企业管理角度

宋典、袁勇志、张伟炜（2011）在研究战略人力资源管理对员工创新行为时提出组织氛围是员工创新行为与组织战略人力资源管理中起到部分中介作用，组织氛围对员工创新行为作用显著。在组织氛围较融洽的状态下，组织成员之间的互动频繁，有利于组织内部知识的共享与整合，能够促进组织创新能力和组织的创新业绩。马占杰（2012）在对组织氛围与职业生涯管理的实证研究中得出结论：组织氛围包知三种维度，分别是竞争性氛围、支持性氛围和人际沟通氛围。这三种氛围可以较好地预知员工职业生涯。在组织氛围多种维度中，公平性氛围、学习成长、支持性氛围和人际沟通氛围都可以较好地预知员工职业生涯。叶许红、张彩江、廖振鹏（2006）在创新实施情境中分析组织氛围含义，从氛围作用和氛围强度两个维度提出了组织氛围的四种类型：积极—强氛围、消极—强氛围、积极—弱氛围和消极—弱氛围。结合案例分析，探讨了不同类型的组织氛围对企业创新实施的不同影响作用，指出形成和培育积极、强大的组织氛围是企业创新实施成功的关键所在。张淑华、方华（2005）指出组织氛围的不同维度与隐性知识的不同因子的共享存在相关，组织氛围的不同维度能够在一定水平上预测隐性知识不同因子的共享程度，但也显示隐性知识的不同因子共享机制并不一致。

史彦虎、赵立斌（2011）在分析高新技术企业人力资源配置与组织氛围重要性的基础上，针对高新技术企业的特殊性，发现组织氛围可以作为不同组织特征，通过采取不同战略的高新技术企业人力资源配置对组织绩效产生影响。然后，引入组织氛围作为中间变量、组织特征作为控制变量、战略一致性作为调节变量，来探讨高新技术企业中人力资源配置对组织绩效影响的具体过程，得出了高新技术企业人力资源配置对组织绩效影响的作用机理模型。

张超（2012）指出年龄、受教育程度、三年内是否晋升显著影响公务员的组织支持感受。组织氛围与主管支持感之间相互促进。组织氛围显著影响公务员的成员感、忠诚度、相似度，组织氛围中工作意义、团队合作两个维度显著影响公务员组织认同感。主管支持感显著影响公务员的忠诚度。组织氛围比主管支持感更能唤起公务员的组织认同。组织认同显著影响公务员新思路、新理念、工作方法创新的创新意愿。组织氛围中工作意义、团队合作、环境自由对创新意愿影响显著。组织氛围比主管支持感更能激发公务员的创新意愿。组织认同在组织氛围、主管支持感与创新意愿之间起部分中介作用。

⑥组织氛围的组织文化角度

段锦云、王娟娟、朱月龙（2014）对组织氛围与组织文化进行了研究。他们得出的结论是：组织氛围与组织文化是有区别的。第一，组织文化的概念来源于人类学，而组织氛围的概念来源于社会学，因为起源不同，所以两个概念的研究方法和研究后续发展也是不同的（Schneider, 1990; Hofstede, 1998; Joan, 1990）；第二，组织文化是员工在组织中共同拥有的行为方式，所有的组织成员拥有共同的价值观，而组织氛围则是员工对组织环境的认知和感觉（Verbeke, Volgering & Hessels, 1998）；第三，在研究方法上不同，组织文化更多采用定性的研究方法，而组织氛围则更多采用定量的研究方法（Denison, 1996; Glisson, 2000; Pettigrew, 1990; Reichers & Schneider, 1990）；第四，组织文化是客观的组织属性（James, James & Ashe, 1990）。而对组织氛围不同的学者所持的意见不同，有学者认为是主观的个体属性（James, 1982; Glisson, James & Lawrence, 2002），也有学者认为是客观的组织属性（Forehand & Gilmer, 1964; Schneider & Bartlett, 1968）；除此之外，组织氛围对于员工动机与行为的影响要高于组织文化的影响（Hofstede, 1998; Glisson & James, 2002）。

然而，组织氛围与组织文化却又有着千丝万缕、不可分割的联系。Rousseau（1990）认为，组织文化中成员们可以意识到共同的期望和行为准则。而成员们不能意识到的是价值观和深层次的隐形内涵。其中，员工们能感知到组织文化中组织所期望行为规范和组织日常运作，这些元素是组织氛围形成的基本成因。组织文化是组织氛围形成的必要条件（Hofstede，1998）。除此之外，由于组织期望与组织中的共同行为准则，更容易为组织成员所接受，因此会对组织氛围的后续发展产生极大的作用（Hofstede，Neuijen，Ohayv & Sanders，1990；Hofstede，1998）。也有一些研究表明，组织氛围在组织文化与组织结果中起到中介作用（Glisson & James，2002）。沈国琪、陈万明、张敏（2009）探索性地研究组织氛围中的创新、公平、支持、人际关系和员工身份认同等五个子氛围对团队有效性的影响作用机制。研究结果表明不同的团队组织氛围对团队的绩效、团队工作成员的满意度以及团队承诺具有不同的影响。同时，团队群体效能感在组织氛围与团队的有效性之间有一定的中介作用。

⑦组织氛围的领导风格角度

在组织氛围中，一些学者针对不同的领导风格对员工的创新行为影响进行研究。Ajzen & Fishbein（1980）研究发现个人的行为意愿受组织氛围的影响。员工如果处在公平的、友好的、接受创新和鼓励创新的组织氛围中，就会有意愿主动地和积极地去创新。斯科特和布鲁斯（1994）等提出员工如果感知到组织有意愿支持创新行为，员工心理感知到创新氛围，就会主动产生创新行为。奥尔德姆（1996）提出组织氛围会影响到个体的态度、动机、信念、想法、价值观和创新行为，并最终影响到整个组织的创新能力与组织业绩。

周（zhou，J.）和乔治（George，J. M）（2001）研究发现领导反馈对员工个体的创新行为有着重要影响。领导以积极的信息或建设性意见给员工反馈信息，员工感受到激励，能够鼓励员工的自主创造性。在管理实践中，如何更好为员工提供组织鼓励和主管支持组织氛围，就显得尤为重要。在组织层面，企业可通过企业文化与企业价值观建设，接受员工创新构想，不要因为组织流程或人为的原因而使创新构想流产；组织能够更好地引导和鼓励员工创新性思考，接受小范围犯错。保证研发人员的互动频繁，沟通频繁，增强双向沟通渠道，保证信息交流畅通。提供最新技术信息、最先进的设备等。管理层则应该能够尊重员工不同意见,积极地接受员工的工作改进意见,适当授权给予员工自由的工作空间,及时给予知识员工积极正面的反馈,特别是当知识员工获得了成功和进步的时候,并鼓励他们从失败中总结经验教训。

郑(Jung D. I., 2003)通过实证研究了变革型领导风格对组织创新气氛的影响。组织文化在变革型领导风格与组织氛围之间起到中介作用,这种组织文化是一种鼓励员工自由讨论和尝试创新思维、创新方法的文化。杨春江(2011)的研究表明,交易型领导风格或变革型领导风格对组织氛围中员工是否感知到主管支持有显著影响。其中员工感知到变革型领导风格对于领导支持程度较高。变革型领导者善于建立良好的创新组织氛围,激发员工创新意愿与创新能力,能够充分授权下属,帮他们发挥创新潜能,当员工感受到主管的鼓励、主管支持的认知程度比较显著时,员工能够正向影响组织创新绩效。员工认知主管为交易型领导风格或变革型领导风格,可以正向影响组织氛围的工作自主性。

罗瑾琏、张波、钟竞(2013)认为组织氛围的组织支持;主管支持和团队支持可以激发员工创新行为。组织支持是包括组织对创新价值的认可,给予员工创新行为支持和鼓励政策。这些政策通过支持创新想法和建设创新氛围来帮助员工积极开展创新性工作。上司支持是员工感知到领导者支持员工的创新行为,进而影响团队成员的整体的创新行为。领导的支持可以是工作中解决实际困难、增加下属专业知识,培养下属的工作动机从而影响下属产生创新行为。团队成员支持也很重要,同事之间如果没有良好的合作,对员工产生的新点子和创新行为排挤打击,就不会产生良好的组织氛围。并且团队成员的支持也可以为其他成员的创新活动提供建议的意见和反馈,给予团队成员很好的帮助和心理支持以及更多的精神鼓励。团队成员中形成相互信任关系,员工就会感觉到被激励,从而更倾向于产生创新行为。许丹丹、陈雪琼(2013)关于组织氛围对员工创新行为的影响，以厦门市酒店为例，分析了组织氛围对员工创新行为的影响。研究结果显示，组织氛围与员工创新行为有显著正向影响，责任行为在组织氛围与员工创新行为之间起到中介作用。孙锐（2014）对人力资源战略与研发人员的创新研究中得出的结论是：关注高水平绩效、上级适当授权、扩大培训和职业升迁的空间、能够参与决策机会以及有竞争力薪酬福利待遇，在这样的组织氛围里面，员工更易于产生创新行为。

连欣、杨百寅、马月婷（2013）研究结果显示，组织氛围对个体创新行为具有显著影响。这一结果已经与多位学者的研究结论保持一致性，表明组织氛围对激发员工创新行为有重要的影响。这说明对员工创新过程的心理感知是非常重要的。企业若要鼓励员工的创新行为，关键是要帮助员工增强创新意愿。而在心理氛围中，建立创新动机更为重要。企业要帮助员工建立创新的意愿，通过外界环境的激发，使员工积极自主地产生创新的想法，才能更好地诱发员工的创新行为。良好的沟通氛围也能够对员工的创新行为提供帮助。良好的沟通氛围能促进信息的传递和理解，为员工创新过程中问题的解决和遇到困难时提供帮助，从而有利于员工提供持续的创新行为。另外，员工在具有乐观、积极的组织氛围中工作，会受到熏陶和感染，增加工作热情，有意愿努力工作回报组织。研究结果还表明，领导的示范和对员工的充分授权都会支持员工创新动机。可见要激发员工的创新动机，树立成功案例并广泛的宣传是非常必要的。梅强、徐胜男、韩淑粉、王冰洁（2011）研究发现：创新过程中企业和员工交往模式的自发演化依赖于各种策略的相对支付。企业建立良好的创新氛围，对员工的创新行为有正向影响。员工创新行为带来的积极正面的成果，反过来还会促使企业进一步营造良好的创新氛围。只有企业和员工的共同努力才能提高企业的创新能力。历明（2013）提出组织氛围对员工创新行为具有显著的正向影响，因此管理者在管理中要关注营造良好的组织氛围。工作自主性在组织氛围与员工创新行为之间起到中介作用。因此，管理者在建立良好的创新氛围之外，还要对员工的创新行为充分授权。因为员工在创新的过程中，会有一些新的事务，主管要充分理解、给予充分支持。组织氛围之中，员工们的和谐关系也对员工创新行为以及工作自主性之间起到调节作用。故而管理者为了更好地发挥组织氛围以及工作自主性对创新行为的正向影响，应该积极营造和谐性组织。

林美珍（2014）认为角色压力是影响员工服务态度和服务行为的一个极为重要的因素，包括角色负担、角色冲突、角色模糊等三个组成成分。管理人员感知的组织支持，企业的支持型领导氛围、授权氛围和员工服务行为评估氛围对员工角色模糊有影响。多层次线性模型分析结果表明，部门管理人员感知的组织支持会通过企业的支持型领导氛围，间接影响员工感知的角色模糊。企业的支持型领导氛围会通过企业的授权氛围，间接影响员工感知的角色模糊。此外，部门管理人员感知的企业支持还会调节员工感知的角色负担和角色冲突对他们的角色模糊的影响。

2.3.3 创新行为相关研究

员工创新行为的模型是活动阶段模型，最常用的活动阶段模型将员工创新行为划分为两个阶段：想法产生和想法实施。斯科特和布鲁斯（1994）认为，员工创新行为由个体对问题的认知及观念形成起始，经历创新个体就其创意寻求援助，尝试建立支持者联盟，将创新想法进行实践，建立创新原型（prototype）或模型（model），最后形成商品化产品或服务的多个阶段。这是一种包含想法的产生、推动和实践的复杂过程。创新过程的特点在于它是一系列非连续活动的组合，而非离散化的顺序进程，它具有多个阶段，在不同的阶段有不同的活动和创新行为，个体可以在任意时间参与到这些行为中去①。此后,克莱森(Kleysen)和斯特里特(Street)(2001)将员工创新行为划分为寻找机会、产生想法、形成调查、创新支持以及创新应用五个环节。

台湾学者黄致凯(2002)认为创新行为包括想法的产生和想法的执行两个维度。黄致凯指出,创新想法的产生指的是员工主动改变寻找提升创新产品、创新技术以及改变管理流程等的机会和提出新方法,而创新想法的执行则指员工为了实现创新的构想而通过实际行动表现,这意味着,个体先产生构想,再对努力实现构想,这个就是个体的创新行为过程。

(1)个体特征对创新行为影响

整理相关研究,现有员工创新行为的研究主要集中在个体因素、组织环境和工作特征三类因素。其中个体因素主要包括个体特征,如开放性人格、创新性乐趣、自我效能与个人心理状态,如工作成就感、情感文化等两方面;组织环境主要包括如有竞争力薪酬体系、有晋升空间和培训机会、领导风格特征、团队合作等;工作特征包括工作任务的复杂程度、工作是否具有挑战性、工作自主能力和工作中成就感等影响因素。也有一些学者就领导风格、人力资本和社会资本、企业文化内涵等因素对知识型员工创新行为影响进行研究。阿玛贝尔(1986)提出工作动机对员工创新行为有正向影响,认为创造性行为往往需要会面对较多的不确定性及失败,唯有内在动机十分强烈的人才会有勇气去承担这些风险和不确定因素,只有内在动机十分强烈的人才不会轻言放弃。斯腾伯格(Sternberg)和吕巴尔(Lubart)(1995)在创造力投资理论中,也将创造性动机列为开发创造力所需六大因素之一,并认为内在动机有利于创意的产生。因为只有内在动机的激发,才能使个体把所有精力集中到创造性事情上面,并从创新过程中得到成就感。刘云、石金涛(2009)的研究表明,内在激励偏好正向预

---

① 刘云,石金涛. 组织创新气氛与激励偏好对员工创新行为的交互效应研究[J]. 管理世界,2009(10): 88 - 102.

测创新行为，外在激励偏好也正向预测创新行为。外在激励偏好正向调节创新气氛与创新行为的关系，但内在激励偏好反向调节创新气氛与创新行为的关系。也就是说，内在激励偏好越高，创新气氛对创新行为的影响越弱；内在激励偏好越低，创新气氛对创新行为的影响越强。外在激励偏好越高，创新气氛对创新行为的影响越强；外在激励偏好越低，创新气氛对创新行为的影响越弱。

曾湘泉、周禹（2008）认为外在报酬与员工创新行为之间呈现出倒U型的关系，外在报酬和内在激励因素交织在一起对员工创新行为产生影响，而内在激励因素对技术员工创新行为更具明显的正向影响。赵黎明、潘康宇（2006）提出高科技行业的技术员工相比于其他员工更注重个人成长和工作性质，而不是金钱。魏江茹、潘天遥、沈洪洲（2015）对知识型员工创新行为的影响因素进行了研究，他们认为教育水平、工作经验是显性人力资本，与专业技能、工作态度等隐性人力资本都会对知识型员工的创新行为有所影响。张振刚、李云健（2014）检验了员工的主动性人格、心理安全感、知识分享能力对创新行为的内在作用机理。研究结果表明：员工的主动性人格、心理安全感和知识分享能力均对其创新行为具有显著的正向影响作用。心理安全感在员工的主动性人格与创新行为之间的关系中具有调节作用。当心理安全感较低时，员工的主动性人格对其创新行为的影响作用更明显。知识分享能力在员工的主动性人格与创新行为之间的关系中具有调节作用；当知识分享能力较低时，员工的主动性人格对其创新行为的影响作用更明显。顾远东、彭纪生（2011）以社会认知理论为基础，在创新自我效能与员工创新行为关系中引入了成就动机与工作卷入两个变量，构建了创新自我效能感通过成就动机和工作卷入的中介作用影响员工创新行为的理论假设模型。创新自我效能感不仅对员工创新行为有直接影响，还通过成就动机和工作卷入的中介作用间接影响员工创新行为。

王雁飞、蔡如茵（2014）研究分析结果表明：员工内部人身份认知显著正向影响组织承诺与创新行为；员工组织承诺显著正向影响创新行为，组织承诺在内部人身份认知与创新行为的关系中起完全中介作用；员工工作嵌入在组织承诺与创新行为的关系中起正向调节作用，工作嵌入程度越高，组织承诺对创新行为的影响作用越强；进一步的工作嵌入还调节着组织承诺对内部人身份认知与创新行为关系的中介效应。

李敏、杜鹏程（2014）提出差错认知和激励偏好影响着创新行为，建立差错认知、激励偏好和创新行为的理论模型并进行实证研究，结果表明：差错认知及其四维度——差错能力、差错学习、差错沟通和差错思考能正向预测创新行为；内激励偏好和外激励偏好也正向预测创新行为；外激励偏好能正向调节差错认知氛围与创新行为的关系；但内激励偏好反向调节创新气氛与创新行为的关系。尹润锋、朱颖俊（2013）基于组织差错管理文化视角，探讨了绩效考核目标取向和员工创新行为之间的关系。研究表明：发展取向的绩效考核对正向差错管理文化、员工产生创新构想的行为和员工执行创新构想的行为有显著的正向影响，评价取向的绩效考核对正向差错管理文化、员工产生创新构想的行为和员工执行创新构想的行为有显著的负向影响，且差错管理文化在绩效考核目标取向对员工创新行为的影响中发挥中介作用。王艳子、罗瑾琏（2011）探究目标取向通过知识共享的中介作用对员工创新行为的影响机理。研究结果表明：学习目标取向对员工创新行为产生正向影响，知识共享在学习目标取向与员工创新行为关系间起部分中介作用；证明绩效取向直接对员工创新行为产生正向影响，知识共享在证明绩效取向与员工创新行为关系间并不起中介作用；回避绩效取向对员工创新行为产生负向影响，知识共享在回避绩效取向与员工创新行为关系间起部分中介作用。曹威麟、谭敏、梁樑（2012）基于自我领导概念及其相关理论，通过实证研究方法，验证了自我领导对个体创新行为具有显著的正向影响，并进一步运用结构方程模型证实一般自我效能感，在自我领导影响个体创新行为的过程中具有部分中介作用。

赵斌、付庆凤（2012）指出科技人员的创新不仅要依靠物质资本、人力资本和社会资本，还需要有积极的心理状态。研究发现，心理资本的两个方面：事务型心理资本和人际型心理资本，都对创新行为具有促进作用。主要表现在事务型心理资本的奋发进取、乐观希望、自信勇敢三个维度和人际型心理资本的包容宽恕、谦虚诚稳、感恩奉献三个维度对创新行为具有正向作用。知识作业难度越大，乐观希望、自信勇敢和感恩奉献对创新行为的促进作用越明显，而奋发进取对创新行为的促进作用减弱。刘智强、邓传军（2013）研究探讨了地位竞争动机与地位赋予标准如何相互作用并导致创新行为跨越分段式选择这一议题。研究结果发现，尽管员工在创新行为问题上存在分段式选择倾向，比如基于支配的地位竞争动机更多地驱动创新行为中的推展和实施创意，而基于威望的地位竞争动机则更多地驱动提出创意，但是，通过选择合适的地位赋予标准有助于改变这种分段式选择倾向，从而使员工不仅愿意提出创意，也愿意推展和实施创意。具体而言，由于不同地位赋予标准倡导的地位竞争比较对象不同，因此，在关系型社会情境中，刻度型标准相比竞赛型标准在驱动创新行为问题上有着更为明显的优势。

张敏（2012）将面子观纳入时间压力和创新行为的研究框架，通过情景实验，模拟了时间压力下项目执行者的感知时间压力、面子观与创新行为交互作用的主要过程。实验结果说明，想要面子的观念直接对创新行为产生积极作用，怕掉面子的观念对时间压力和创新行为之间的关系起到反向调节作用，即怕掉面子的观念越强，时间压力和创新行为之间负相关性越显著。项目管理者可以在适当强化想要面子观念的同时弱化怕掉面子的观念，引导员工积极投身创新活动。张相林（2011）研究发现：科学精神在创新任务设计、创新投入、创新环境、创新组织气氛等外部影响因素和创新行为之间起中介作用，是制约青年科技人才创新行为的重要因素。增加创新投入和改善创新环境有助于改善青年科技人才的创新行为，但不是关键的因素。薛靖(2006)指出创意团队成员个人知识转换能力对个人创新行为的确具有显著影响,并且主要是"内化能力"和"结合能力"会对个人创新行为产生显著的正向影响。

(2)工作环境对创新行为影响

杨付、张丽华(2012)探讨了团队沟通、工作不安全氛围对团队成员创新行为的影响,以及创造力自我效能感对此关系的调节作用。结果表明,团队沟通、工作不安全氛围对团队成员创新行为有倒U形的影响;创造力自我效能感调节团队沟通、工作不安全氛围与团队成员创新行为之间的关系:员工的创造力自我效能感越高,团队沟通、工作不安全氛围对团队成员创新行为的倒U形影响越小。同年他们针对不同的团队风格又做了以下研究,研究结果表明:学习型风格、创造型风格对创新行为具有显著的正向预测效果,但计划型风格对创新行为的影响不显著;团队心理安全感不仅对创新行为有直接显著的正向影响,而且在学习型风格、创造型风格与创新行为的关系中有正向的调节效应,但团队心理安全感不显著调节计划型风格同创新行为之间的关系;工作单位结构调节了学习型风格、创造型风格与创新行为之间的关系,而对于计划型风格与创新行为关系的调节效果不显著。栢豪、蔡礼彬、王新福(2015)通过对Q公司员工的实际调查与访谈,了解到对知识型员工的创新行为影响因素主要是:国家政策方面因素、公司制度方面因素、技术共享平台因素、公司技术创新激励因素。韩翼、杨百寅(2011)的研究验证了真实型领导、领导成员交换、心理资本和创新行为各概念的结构效度和区分效度。真实型领导与员工创新行为显著正相关,心理资本在两者间起完全中介作用,而领导成员交换在两者间起调节作用。赵斌、栾虹等(2013)对科技人员创新行为态度、主观规范、知觉行为控制的内涵进行界定,进而将其分别细分为内生态度与外生态度、指令性规范与示范性规范、自我效能和控制力,验证了它们通过创新意愿的中介作用对创新行为的影响;其次,探索了上述关键变量对创新行为的直接影响作用；最后，检验了在创新意愿向创新行为转化过程中组织支持的调节作用。实证研究结果显示：行为态度的内生态度通过创新意愿的完全中介作用对创新行为产生正向作用，主观规范的示范性规范与知觉行为控制的两个维度（自我效能和控制力）通过创新意愿的部分中介作用对创新行为产生正向作用；行为态度的外生态度和主观规范的指令性规范对创新意愿没有影响，但可以直接正向影响创新行为；组织支持在创新意愿对创新行为的影响关系中起正向调节作用。

　　王雁飞、朱瑜（2012）以中国华南地区的企业员工为调查对象，对组织社会化与创新行为的关系以及信任、知识分享在其中所起的作用进行了实证研究。结果表明：组织社会化对信任与知识分享产生正向影响，组织社会化还通过信任对知识分享产生正向影响，组织社会化进一步通过信任、知识分享对创新行为产生正向影响，即组织成员的信任、知识分享在组织社会化与创新行为之间起着中介作用。谢礼珊、关新华（2015）研究关注个体与组织情景因素对员工创新行为的影响，同时探讨市场导向、组织学习氛围、自我效能感对员工创新行为的影响。研究发现自我效能感和组织学习氛围对员工创新行为有正向的影响，市场导向正向调节自我效能感与员工创新行为的关系。赖然（2014）提出员工创新行为的导向因素是创新文化，创新文化表现出鼓励冒险与容忍失败、市场导向和学习共享的特征。情感承诺在创新文化和员工服务创新行为间起部分中介作用，创新文化不仅能够直接影响员工的创新行为，还能够通过情感承诺间接影响员工的创新行为。外在激励与内在激励相互依赖影响员工创新行为。

　　孙锐、张文勤、陈许亚（2012）通过对我国跨地区企业研发员工的问卷调查研究对领导创新期望、员工内部工作动机及其创新行为间的关系进行了实证探讨。研究发现，在我国背景下，直属领导对下属员工的创新期望、员工之间横向交换对研发员工创新的行为都具有正向预测作用，其中员工内在工作动机在领导创新期望、员工横向交换对员工创新行为的作用路径关系中起到中介效应。李柏洲、徐广玉、苏屹（2014）基于计划行为理论，借助组织公民行为的优质特性，构建中小企业合作创新行为形成机理的理论分析框架。实证结果表明：中小企业合作创新态度、主观规范、知觉行为控制通过合作创新意愿的完全中介作用对合作创新行为产生正向影响；合作创新的指令性规范和示范性规范对合作创新态度有正向影响；组织公民行为对合作创新行为意愿与行为间关系有正向调节作用。

陈晨、时勘、陆佳芳（2015）以认知机制和内在动机理论为基础，探究在科研团队中变革型领导对下属成员创新行为的影响及其内在作用机制，对中国科学院所属学部内科研团队中的领导者及其直属下属进行调研。由下属完成员工问卷（包括变革型领导、心理授权、工作复杂性），领导者对其下属的创新行为进行评价。研究结果表明，在科研团队中，变革型领导对其下属的创新行为有显著正向影响；下属的心理授权在变革型领导和下属创新行为间起中介作用；下属所从事工作的复杂性对变革型领导、心理授权、下属创新行为这一中介作用有正向调节作用。即工作复杂性较高时，变革型领导通过心理授权影响下属创新行为的正向中介作用显著，而工作复杂性较低时该中介作用不显著。

于晓宇、杜旭霞（2013）从创新角度将文化环境划分为四个维度，并分析各个维度对企业创新行为的影响机理。以长三角大都市圈为例，发现创新文化异质性导致企业创新行为的多样性，提出大都市圈创新文化异质性是不同地区企业协同创新、有序竞争的基础，大都市圈各个省（市）应提炼并保持各自文化特质，以期从文化异质性和重叠性中持续获益。王石磊、彭正龙（2013）研究结果表明新员工问询式和观察式反馈对员工创新效能以及创造力发挥产生积极影响；其中创新效能在问询式反馈对创新行为的影响中起部分中介作用，在观察式反馈对创新行为的作用中起完全中介作用；领导创新行为显著调节这一过程，相对问询式的反馈，领导创新行为会更多地激发新员工观察式的反馈，进而影响新员工创新行为过程。

杨五洲（2014）提出了技术创新动因、组织学习、组织激励、技术创新行为四个变量之间存在着相关关系。组织学习和组织激励分别在技术创新动因和技术创新行为之间具有中介作用。其中，组织学习在市场因素对技术创新行为的影响和在政府政策对技术创新行为的影响中具有完全中介作用；组织学习在技术因素对技术创新行为的影响和企业家精神对技术创新行为的影响当中起部分中介作用；组织激励在技术创新动因的市场因素、技术因素、政府政策因素、企业家精神因素与技术创新行为当中均起到部分中介作用。张根明（2009）认为在技术创新方面，企业家敏锐度变量与技术创新行为呈显著正相关关系，与技术创新绩效变量呈显著正相关关系；不确定容忍度及风险偏好与技术创新行为呈显著正相关；企业家私人关系网络与企业技术创新绩效呈显著正相关关系，企业家的发现机会的能力、承担风险和不确定性的能力对企业家商业模式创新行为的正向影响显著，且企业家商业模式创新行为对创新绩效的正向影响显著。

（3）组织环境对创新行为影响

莎莉、周＆奥尔德姆（shalley，zhou & Oldham，2004）认为员工创新行为在领导风格、内在动机和心理资本之外，还决定于外部环境有效刺激（Oldham&Cummings，1996），特别是主管的支持和鼓励（Mumford et al.，2002）。变革性领导可以创建一种自主、和谐、宽松的组织气氛，他们和员工共享信息，开放地、理解地接受新观点和反馈员工创新过程中所需信息（Carmeli，Reiter Palmon & Ziv，2010；Kuenzi & Schminke，2009），这些都有助于员工创新的产生，激发员工创新活动的实施。变革型领导与员工建立相互信任关系，有助于团队成员相互帮助和相互协作（Fleming，Mingo & Chen，2007）；员工的相互信任和开放的思维，更加有利于建立相互信任关系，增进相互帮助共同学习和成长的氛围（Perry Smith & 莎莉，2006）。另外，变革型领导鼓励员工自我表达，接受新思想、新观点，做事可以特别问题特别处理，打破常规思维，通过榜样的力量为员工提供启发,从而增加员工创新意愿的产生（Mumfordet，2002）①。

刘云、石金涛（2009）的研究指出组织的创新氛围对员工的创新行为有显著的影响，心理授权在组织创新氛围与员工创新行为之间起到中介作用。他们还研究了员工的激励偏好，认为员工的激励偏好能够正面预知个人创新行为，而且能够调节组织创新氛围与员工创新行为。张望军、彭剑锋（2001）对知识型员工的激励因素进行实证研究，并论证了激励知识型员工的前五项激励因素。万青、陈万明（2011）基于 WSR 理论从知识、员工和环境三个维度构建了激励机制的运行空间，并探讨了不同的激励组合，同时考虑了创新环境下激励组合的不同路径，特别是员工创新失败时的激励方法。张勇、龙立荣（2013）通过对 316 对主管—成员匹配数据的分析，研究了绩效薪酬体系与团队成员开发性创新行为和探索性创新行为的关系，并检验了考核周期的调节效应。顾远东、周文莉、彭纪生（2014）研究表明在中国情境下，组织支持感对研发人员创新行为有显著正向影响，组织支持感及其各维度对研发人员创新行为有预测力。其中主管支持的预测力最强；创造力效能感对研发人员创新行为有显著正向影响，并在组织支持感与研发人员创新行为间起部分中介作用；积极情绪对研发人员创新行为有显著正向影响，在组织支持感与研发人员创新行为间起部分中介作用；将创造力效能感和积极情绪同时并入中介模型后，两者的中介作用完全解释了组织支持感对研发人员创新行为的影响。王士红、徐彪（2013）研究组织氛围感知对员工创新行为的影响，引入了知识共享意愿作为中介变量。实证研究发现，友好关系感知、创新氛围感知对员工创新行为有正向影响，公平氛围感知对员工创新行为没有显著影响；知识共享意愿在创新氛围感知与员工创新行为关系中起部分中介作用，知识共享意愿在友好关系氛围感知与员工创新行为关系中起部分中介作用。

---

① 韩翼，杨百寅. 真实型领导、心理资本与员工创新行为领导成员交换的调节作用[J]. 管理世界，2011（12）：78-86.

曹勇、向阳（2013）从员工认知的视角，实证研究了知识治理、知识共享与员工创新行为之间的关系，并重点分析了社会资本的中介作用以及吸收能力的调节效应。结果表明：知识治理对知识共享具有显著的正向影响，社会资本在知识治理与知识共享之间具有完全中介作用；知识共享对员工创新行为具有显著的正向影响；吸收能力正向影响员工创新行为，但对知识共享与员工创新行为关系的调节作用并不显著。姚艳虹、韩树强（2013）就五大人格特质、组织公平、员工创新行为等变量进行调研，通过交互作用分析得出，人格特质中的外倾性、尽责性、宜人性、开放性均正向预测创新行为，而神经质负向预测创新行为。研究结果表明，组织公平四个维度均对创新行为有显著正向影响。组织公平正向调节外倾性、开放性、尽责性与创新行为之间的关系，反向调节宜人性与创新行为之间的关系，但对神经质与创新行为之间的关系没有调节作用。张文勤、石金涛（2010）研究结果表明：团队成员学习目标取向对其创新行为具有显著正向影响，且这种正向效应不会受到团队创新气氛的调节作用；成员证明目标取向对其创新行为的正向影响不显著，但团队创新气氛可以显著调节（增强）这种正向效应；成员回避目标取向对其创新行为具有显著负向影响，但团队创新气氛可以显著调节（减弱）这种负向效应。杨晶照、杨东涛（2012）指出员工创新行为的实现需要环境的支持与个体的努力。文章根据计划行动理论，以个体创新信念为中介，研究组织文化与员工创新行为的关系。首先借助内部整合和外部适应两个维度，将组织文化分为高聚合型、市场导向型、中庸型和层级型等四种不同类型，并在此基础上探讨和分析不同类型的组织文化，通过员工创新自我效能感为中介，研究对员工创新行为的影响机理。研究结果显示：组织文化与员工创新行为存在正向相关关系，员工创造力自我效能感在两者关系中起中介效应。且不同类型的组织文化对员工的创新行为和创造力自我效能感的影响存在显著差异。

黄海艳（2014）研究了非正式网络、组织支持感与个体创新行为之间的关系，非正式网络对个体创新行为积极作用的发挥需要正式组织的认可与支持。从组织支持感的视角构建了"非正式网络、组织支持感、个体创新行为"的理论模型。实证分析发现：组织中的非正式网络对个体创新行为有显著的正向影响；组织支持感正向调节非正式网络与创新行为之间的关系。徐建中、曲小瑜（2014）发现，创新意愿、创新态度、主观规范、知觉行为控制这四个主范畴对环境技术创新行为存在显著影响。创新意愿是环境技术创新行为的直接驱动因素。创新态度和主观规范通过影响创新意愿间接驱动环境技术创新行为，是环境技术创新行为的间接驱动因素，知觉行为控制既可以直接影响环境技术创新行为，也可以通过创新意愿间接影响环境技术创新行为。

俞明传、顾琴轩、朱爱武（2014）检验了员工实际介入组织和员工、组织关系对员工内部人身份感知的影响，内部人身份感知在员工、组织关系与创新行为之间的中介作用，以及创新氛围对内部人身份感知与创新行为的调节作用。研究显示，员工、组织关系正向影响创新行为且内部人身份感知在员工、组织关系对创新行为的作用中起部分中介作用；创新氛围显著正向调节员工、组织关系对创新行为之间的间接效应；而员工实际介入组织的作用并不显著。徐建中、曲小瑜（2015）以装备制造企业为研究样本，基于计划行为理论构建了装备制造企业技术创新行为影响因素的理论分析框架。结果表明，装备制造企业技术创新意愿对其技术创新行为有正向促进作用；装备制造企业技术创新态度、主观规范、知觉行为控制对其技术创新意愿有正向促进作用，其中企业家认知因素、投入能力和组织文化的影响尤为显著；技术创新知觉行为控制可以直接正向作用于技术创新行为。

王莉红、顾琴轩、郝凤霞（2011）以研发团队及成员为样本，实证研究测试团队学习行为对个体社会资本、个体学习倾向与其创新行为关系的跨层次影响。结果显示：个体社会资本、个体学习倾向对其创新行为都具有显著的正向影响；团队学习行为对其成员创新行为有直接显著的正向影响；团队学习行为可强化其成员互动频率与创新行为之间的正相关关系，且对其成员学习倾向与创新行为之间正相关关系具有调节作用。

赵洪江、夏晖（2009）实证分析机构投资者与公司创新行为之间的关系，研究发现我国机构投资者总体上对公司创新投入的解释作用不显著。在考察不同机构对公司创新投入的影响时，发现压力抵抗型投资者如开放式基金和封闭式基金对公司创新投入存在显著的正向关系，说明压力抵抗型投资者对公司创新行为产生正向影响。当检验企业创新行为对机构投资者持股的反向影响时，研究显示公司创新投入与开放式基金和封闭式基金之间存在显著的正向关系，说明公司创新行为吸引了部分机构投资者对其持股的增加。王莉、方澜、罗瑾琏（2011）对研发人员—顾客配对分析，结果表明，顾客知识和创造力均对创新行为有显著正向影响，而顾客知识对创新行为的影响，受到创造力的部分中介作用。顾客知识和创造力对创新行为的不同维度具有不同的解释力，其中，顾客知识比创造力对产品功能创新行为具有更大的解释力，而顾客创造力比知识对产品形式创新行为具有更大的解释力。张国梁、卢小君（2010）提出学习型组织如何提升创新能力是学者们一直关注的焦点问题。基于组织文化的视角，考察组织的学习型文化对个体创新行为的作用机理，即学习型文化是否会通过动机影响个体创新行为。结果表明，个体感知到的组织的学习型文化的程度对个体创新行为产生的影响需要通过不同类型动机的中介作用来实现；热衷性和挑战性的内部动机，以及外在性的外部动机在学习型文化的不同方面对个体创新行为的影响关系中具有不同的中介作用。

杨晶照、陈勇星（2012）实证研究发现：员工角色认同与员工创新呈正相关关系。员工创新的自我认同感越强，创新的动力就越强，就表现出更多的创新行为；组织结构与员工创新相关，组织结构越复杂、越正规，集权化程度越高，对员工创新行为的影响就越弱。组织结构在员工创新角色认同与员工创新关系中起调节作用。组织结构越复杂、越正规，集权化程度越高，对员工创新角色与员工创新间关系的影响就越弱。俞明伟、顾琴轩、朱爱武（2014）基于现有文献研究，构建了一个被调节的中介模型以探讨员工与组织关系影响员工创新行为的中介心理机制及其边界条件。根据社会交换理论，提出心理所有权这一中介变量影响员工与组织关系与创新行为之间的关系，并提出创新氛围会正向调节变量之间的间接关系。张红琪、鲁若愚（2012）研究了自我领导、自我效能对员工创新行为的影响，并进一步探讨了自我效能在自我领导和员工创新行为间的中介作用。结果表明，自我领导能够显著地正向影响员工创新行为的两个维度：创新构想的产生和创新构想的执行。自我效能对员工创新行为具有显著的正向影响，自我领导以自我效能为中介间接影响员工创新行为。而且这种中介作用是通过自我效能完全中介于自我领导与创新构想的产生来实现的。

2.4 本章小结

本章介绍了本文研究的相关理论基础，阐述了工作动机理论、工作动机的基本内涵，工作动机的结构维度以及工作动机的影响因素、同时阐述了激励理论以及激励影响因素、内在激励在物质和精神层面的表现因素。本章同时对三个主题的相关研究进行了综述，介绍了创新导向在组织战略层面的研究成果，以及创新导向在组织文化层面、创新导向在组织绩效层面和创新导向的组织资源的研究现状进行了评述。组织氛围介绍了组织氛围的定义、组织氛围的不同维度，及以往的学者对组织氛围的研究成果。最后介绍了创新行为分别在个体因素、工作环境、组织环境方面的研究成果并对其进行了综合阐述。通过本章的理论基础与文献综述，可为下文研究知识员工创新行为的影响作用打好基础。

第 3 章

研究模型构建与假设提出

上一章对本研究涉及的相关理论研究进行了梳理综述，为本研究变量之间影响关系模型构建提供了理论基础。本章将在对创新导向、组织氛围、价值观契合、心理授权和创新行为等变量进行概念界定之后，依据社会控制理论、"S-O-R"模型研究范式，深入剖析创新导向、组织氛围对知识型员工创新行为的影响机制，构建各要素间的框架模型。并在此基础上经过理论推导、逻辑推演，逐步提出各变量间的影响关系假设，构建本研究的理论模型。

3.1 研究变量概念的界定

在探讨创新导向、组织氛围对知识型员工创新行为影响作用关系之前，我们首先需要对本研究涉及的多个变量进行概念界定，明确各变量的内涵，为下文的研究模型构建和变量间关系假定作铺垫。本研究涉及的主要变量包括创新导向、组织氛围、心理授权、价值观契合和知识型员工创新行为。

3.1.1 创新导向

20 世纪 90 年代以来，伴随着科技更新的不断加快和市场需求不确定性的日益加剧，企业面临的战略环境呈现出动态复杂变化的特征（Hamel & Prahalad，1994），这位企业提出了一个革命性的挑战。为了应对这种永久性的挑战，产生了两种不同的经营哲学：市场导向和创新导向。市场导向立足于市场需求和竞争态势，通过发挥自身的比较优势，为市场提供有价值的产品和服务，以此来取得较好的企业绩效。而创新导向则是基于技术发明和产品创新，通过为顾客提供性能卓越、品质优良的创新性产品或服务，驱动企业获取良好的市场价值（杜鹏和万后芬，2007）。从现有的学术研究文献来看，市场导向研究比较充分，而对于本文关注的创新导向则相对较少。

最早提出创新导向这一术语的是富兰克林（Franklyn）和马努（Manu）（1992）。在他们的研究中，创新导向被看作是一个多维度的战略概念范畴。他们认为，创新导向反映了组织整个创新体系，是创新成果、创新努力以及市场进入时机等三个阶段构成的综合过程。可以看出，富兰克林和马努（1992）对创新导向的界定更多是关注企业实施创新活动导致的结果，而并没有揭示出创新导向的真实内涵，这可能是因为创新导向产生的结果便于测量并且具有很强的客观性。同时期，凯林（Kerin）等（1992）也提出了相似的概念，认为创新导向是企业在竞争对手之前，对市场做出准确评估，研究开发出能够吸引目标消费者的新产品，并快速投入市场，获得市场竞争优势。史利南（Sriram，1996）不但从结果方面定义了创新导向，还利用组织实施创新导向产生的创新结果和创新能力。比如人员投入、研发支出、新产品的数量、市场业绩表现、市场进入次序等来衡量创新导向。阿玛贝尔（1997）则认为创新导向的最核心要素主要包括重视创造性和创新性，鼓励采取富有进取性和前瞻性的行动倾向等。赫尔利和霍特（1998）从组织文化的角度对创新导向进行了研究，认为创新导向是一种思维开放的组织文化，体现在企业重视和鼓励创新的程度上。这种表述反映了组织开发新产品和进入新市场的战略倾向。伯森等（1999）曾在对战略导向性研究中提出了技术导向和市场导向两种分类。这里的技术导向同创新导向相似。他们从创新活动技术支撑的角度探讨了技术导向的内容，认为技术导向主要应该关注创新开放程度和创新能力大小两个方面，创新开放程度是核心内容。

鸿藆吉马（Atuahene - Gima，2001）将员工这一要素加入创新导向概念中，认为企业创新导向应该鼓励和培养员工的创新意识和敢于冒风险行为。当企业人力资源策略在这方面强调，并在日常的组织活动中加以执行，将会有效促使员工学习和掌握知识、技术的变化，从而实现组织的创新需求。洪贝格（Homburg）等（2002）在研究中将创新导向进行了定量化，认为创新导向是由多个自变量组成的因变量函数。这个函数的自变量包括企业创新产品数量、创新产品涵盖的目标客户数量以及企业重视创新的程度等。赫尔利和霍特（2004）在后期的研究中又完善了先前对创新导向的概念界定，认为创新导向与企业引进新观念、新产品和新工艺的能力有关。西格瓦等（2006）立足于资源基础理论和知识基础理论，将创新导向看作是一个能控制和指引组织战略和行动、促使组织拥有创新意识、有利于组织成功实施各种创新活动的多维知识结构。主要表现为学习哲学、战略方向和跨职能协同三个方面。其中，学习哲学是指在组织知识的获取、传递、思考、学习和使用等活动中存在的追求组织持续创新的理念。这种理念深入人心。战略方向是指组织对自身的界定和对企业组织行为的规范，以及对组织未来的发展方向确定的战略指引。只有明确了组织的战略方向，有助于创新活动符合组织战略目标，才能更好地让创新活动与组织战略目标保持一致，确保创新即时有效的发生。跨职能协同是指被组织成员广泛认同的某些知识结构促进了知识在各个职能部门间的传递，它鼓励组织间的交流沟通，通过培养各职能部门间的合作理念和创新意识，来提高组织整体创新水平，体现企业内部知识共享、鼓励创新的学习信念和战略意图。多布尼（Dobni，2010）认为创新导向是由创新愿景、支持创新的基础架构、能够影响市场价值取向的操作行为、支持创新实施的环境等四个维度所构成。泰切尔（Teichert）和波肯（Bouncken）（2011）指出创新导向能够帮助企业对产品和流程产生新奇的思想，并从组织通过对新奇想法的横向和纵向交流以及内部创新流程的角度对创新导向进行了研究，认为创新导向包括经常研究新奇的产品概念、经常对产品进行求精和发展、对创新进行快速和跨功能的实施、在研究新奇的产品创意时相关员工进行横向和纵向参与等四个方面。塔尔克（Talke，2011）认为创新导向是旨在发现市场上新出现的顾客需求并用突破式的技术创新满足这种需求的战略举措。

近些年，我国学者对创新导向也进行了初步的研究。杜鹏和杜万芬（2007）认为创新导向是组织文化中对新事物的开放程度，体现为企业重视和鼓励创新的程度。他们认为创新导向可以描述为在创新过程中进行试验、承担风险的学习和选择机制，创新导向增强了企业获取新技术和知识来满足潜在需求或新需求的能力和意愿，其创造性破坏行为导致了突破性创新活动。郭贤达等（2009）在研究中认为创新导向应该包括开发发明创造、提出创新性产品概念和制定产品生命周期计划三个方面。李玉辉（2010）将创新导向看作是一个系统性的概念，认为创新导向是企业文化中引导组织进行不断创新的因素的统称，由理念形态文化、制度形态文化和实体形态文化三个维度构成，是多层次的企业文化的子系统。在理念形态上，创新导向是组织成员共同认可的并愿意为之努力的与创新有关的信念。这种信念广泛存在于组织知识结构之中，体现组织对创新的态度和对创新与企业愿景、道德观念、行为规范、经营理念等之间联系的理解。在制度形态方面，创新导向体现的是组织发展战略、管理模式、组织制度与行为规范等制度性创新指向。创新导向在实体形态方面，主要表现为组织对创新活动的行为倾向。常印凤（2011）在研究中认为创新导向代表着组织走向创新的力量，其产生于组织内部的创新共识，并促进组织形成创新行为倾向。李悦（2012）从分析组织创新导向内涵的特征入手，界定了创新导向的构成要素，认为创新导向体现了组织的长期行动倾向和逻辑，而不是具体的创新行为或创新过程，能够对组织学习、创新活动和资源决策产生影响。

综合各位学者对创新导向的研究成果，基于赫尔利和霍特（1998，2004）、伯森等（1999）以及西格瓦等（2006）的研究观点，本文认为创新导向是企业为了应对永久性的市场竞争挑战而展开利用新资源、寻找新理念、研发新产品以及发明新方法等进取性和前瞻性行动的倾向和程度。创新导向不是单一的创新,而是一种综合创新、一种战略创新、一种文化创新。首先,创新导向不仅仅是产品技术创新,还应该包括组织创新和制度创新。其次,创新导向需要寻找具有突破性的市场创新焦点、变革传统资源的组合方式、构建新型的市场规则秩序,实现基于超前执行的战略导向。最后,创新导向更是一种文化创新,反映了企业对新事物、新方法、新理念的开放程度和重视程度,是企业突破传统组织羁绊、挖掘内在蕴藏潜力、实现系统深入变革创新的文化创新。

3.1.2 组织氛围

组织氛围的研究主要源自心理学学者列文对团体气氛的研究。列文(Lewin,1930)在对场次论的研究中首次提出了心理氛围的概念,认为心理氛围是组织内个体认知和整体认知共振重叠的组织内部气候,在团体动力学的实证研究中也证实了这一概念的存在。同时列文(1930)指出,心理氛围可以用来解释一般环境刺激与人类行为之间存在的动态复杂关系。在他之后的研究中,明确提出了组织氛围的概念,认为组织氛围是组织内部个体对所处组织环境拥有的共同的知觉和体验列文(Lewin,1936)。之后,许多学者在列文的研究基础上,纷纷提出了对组织氛围的不同解释。

福汉德(Forehand)和基尔默(Gilmer)(1964)在研究中将组织氛围看作是描述组织的一组特征,包括:将该组织与其他组织相区别、具有相对的时间历程以及影响组织内人们的行为等。利特温(Litwin)和斯特林格(Stringer)(1968)认为组织氛围反映了组织状况的客观现实与个体对个人和组织特征的主观解释,他们通过组织氛围的九个维度,包括结构、责任、奖励、风险、温暖、支持、标准、冲突以及认同等,来定义组织环境。泰朱瑞(Tagiuri,1968)在研究中将组织氛围界定为是组织中可以明确测量出来的一系列工作环境属性的集合,是关于一个组织内部环境的相对持久的特性。詹姆斯（James，1982）认为组织氛围是组织成员对关乎自身福利的、工作环境的心理影响的共同感知。詹姆斯强调个体感知对行为的引导性，认为当特定群体中个体间的感知存在某种程度的一致性时，聚合到团队或组织层面，就是我们所提出的团队氛围或组织氛围。霍伊（Hoy）和米斯克（Miskel）（1987）认为组织氛围是组织中个体对一般工作环境的知觉，具有独特的组织风格，并且能够被组织成员体验和描述。丹尼森（Denison）和丹尼尔（Daniel）（1996）在对组织氛围的研究中提出，组织氛围是指一种状态，这种状态与组织成员的思想、情感和行为相联系，可以通过衡量组织内部成员的士气和态度，也可以通过衡量组织内部的凝聚力来测量一个组织的氛围。施奈德（Schneider，1996）将组织氛围看作是同一组织中各成员共享的认知，指出在某种环境中员工对一些事件、活动和程序以及那些可能会受到奖励、支持和期望的行为具有共同的的认识，这些共同的认识能够描述组织的共享气氛。韦斯特（1998）也指出，组织氛围是个体对组织基本环境的认知。鲍恩（Bowen）和托洛夫（Os–troff）（2004）在研究中指出，组织氛围是正式组织中员工对政策、实践、流程、日常事务与报酬的共同感知。如什么事情是最重要的、什么样的行为是组织需要并会给予奖励的，等等形成的共同感知。

我国学者对组织氛围也进行了研究和探索。蔡培村（1985）在对组织氛围的研究中将组织氛围看作是内在环境的属性，指出组织氛围源自组织成员对工作环境的整体知觉。他认为组织氛围具有客观环境的特征，反映组织成员对工作环境的主观认知，可以详细划分为组织成员对组织结构、工作特性和人际关系的感受，是成员认知所形成的一组属性，并可透视主观的知觉加以衡量。许士军（1988）在研究中将组织氛围定义为组织成员对组织的知觉。他认为，组织氛围代表组织成员在组织内工作对于组织内部环境的一种知觉，它来源于成员持久性对于组织内部环境的经验，可以利用组织属性加以描述，是介于组织系统与动机倾向之间的中介变量，也是介于组织系统与组织内部人员行为之间的桥梁。张瑞春（1999）通过对组织氛围的研究，认为组织氛围是特定组织成员对所处工作环境的知觉，这种知觉会影响组织成员的行为，也可以用一组属性加以描述。陈维政（2005）对组织氛围的认识同泰朱瑞（Tagiuri，1968）相一致，也认为组织氛围可以通过度量组织工作环境的一系列属性集合来进行认识，是组织自身具有的独特的持久性风格。顾远东和彭纪生（2010）认为组织氛围是组织长期以来形成的一种特质，可以被组织成员直接或间接感知到，并可以通过对特质属性要素的测量进行认识。王士红等（2013）在研究中将组织氛围看作是组织成员对组织内部公平氛围、创新氛围以及友好关系的感知。王仙雅等（2014）认为组织氛围是员工所在组织的一种特征，包括信任氛围、沟通氛围、情绪氛围和公平氛围等四个方面。段锦云等（2014）对组织氛围进行了深入的研究，认为组织氛围是员工对组织整体环境形成的主观知觉。

综合上述各位学者的研究可以看出，先前学术研究主要从三个层面对组织氛围来进行剖析：个体层面、群体层面以及组织层面。从个体层面来看，组织氛围是组织内员工个体对工作环境的主观知觉，属于心理氛围的综合；从群体层面来看，组织氛围是组织内部所有员工对组织环境的一种共同知觉，这种群体共同认知对不同个体的心理感受都具有重要的影响；从组织层面来看，组织氛围是员工个体能够感知的组织情景，是客观存在于员工周围的一种工作环境。在本文的研究中，我们将采用组织层面的组织氛围的概念，认为组织氛围是组织拥有的一种整体工作环境属性，可以为组织成员所感知，但不受成员主观的影响；可以同其他组织相区分，具有相对稳定持久性，能够对组织内员工的行为产生影响，包括组织公平、同事协作以及主管支持等方面。

3.1.3 价值观契合

价值观契合的思想可以追溯到人与环境的互动心理学研究。该理论认为，个体自身特征和所处的环境特征将结合起来共同影响个体对既定环境的反映（Chatman，1991）。这里的环境可以具体到职业、工作、主管、团体以及组织等不同的层面，由此产生了不同的契合研究概念。其中，个人—组织契合成为近些年研究者共同关注的焦点领域。巴纳德（Banrnard，1948）在其著作《组织与管理》中提出了员工和组织契合的思想，认为组织管理的目的就是要实现员工和组织合二为一，这就产生了"个人—组织契合"的概念。列文（1951）在对个人和组织的互动作用时也提出了个人—组织契合的思想，指出个体的表现受到所处的组织环境互相作用的影响。查特曼（Chatman，1989）正式提出了个人—组织契合的概念，并且指出个人和组织契合的要素中，价值观是最基础、最具持续性的因素，由此产生了个人—组织价值观契合的概念。

从哲学主客体关系的角度来看，价值是对主体和客体相互关系的一种主体性描述（李德顺，1987），而价值观则是个体认定事物、辨定是非的一种思维或取向，可以规范个体和群体的思想动机和行为（马俊峰，2010）。可以看出，价值观是凌驾于所有特定情境之上的信念，指导着个体或组织对行为和实践的选择和评估。因此，价值观契合应该是个人—组织契合的关键。不少学者也认为，个人—组织契合研究应以价值观契合为对象（Van Vianen，2000）。在此背景下，许多学者对价值观契合进行了研究。凯伯（Cable）和朱吉（Judge）（1997）在对价值观契合的研究中，从一致性来探讨价值观契合，将价值观契合看作是员工个体价值观模式和组织的价值观模式的一致性。维普朗肯（2004）从价值观一致性的角度对价值观契合进行了研究，指出价值观一致性就是员工个体所期望的价值观和他们工作场所体验到的价值观的契合程度。爱德华（Edwards）和凯伯（2009）在对价值观契合的研究中指出，价值观契合不仅仅表示组织能够满足或实现个人价值观的程度，个人—组织价值观契合能够带来彼此间的信任、可预测的结果、良好的内部人际关系以及有效的沟通协调。

台湾学者郑伯埙等（2001）在对组织文化进行员工层次分析研究中，提出了价值观契合度的概念。他们认为，价值观是组织文化的关键要素，组织价值观要发挥其文化功能，需要组织内部员工将组织价值观内化为自身的约束规范和行事理念。由此就需要考虑两者之间的符合匹配程度，这就是价值观的契合度概念。朱青松和陈维政（2005）在对员工和组织价值观契合的研究中发现，先前学者们对价值观契合的研究更多是关注两者的相同性和相似性，缺乏两者互动发展的考虑。他们价值观契合应该从双赢互动发展的角度来进行解释，价值观契合是员工和组织双方价值观的体现和实现程度。如果员工和组织双方的价值观体现和实现程度均高，可以认为价值观契合度高，反之，则认为价值观契合度低。邵芳等（2008）从个人和组织价值观吻合程度来探讨价值观契合，认为价值观契合是员工和组织在做事做人方式方法以及成功标准认定等方面基本假设的吻合程度。陈卫旗（2009）从个人—价值观匹配角度来探讨价值观契合问题，将价值观匹配定义为员工个体价值观和组织文化价值观两者之间的一致性匹配。赵慧娟（2010，2015）在研究中也认为，价值观匹配就是个人价值观模式和组织的价值观模式的一致性。曲庆和高昂（2013）在对价值观契合的研究中认为，个人—组织价值契合表示个人和组织的兼容程度，是个人持有的价值观念和组织拥有的价值观体系的匹配程度。

综合上述多位学者对价值观契合的研究，本文将引用凯伯和朱吉（1997）、维普朗肯（2004）对价值观契合的定义，我们将价值观契合认为是员工自身的价值观模式和组织价值观模式的一致性匹配程度。我们认为，个人—组织价值观契合是员工个体和组织在长期互动作用的过程中形成的一种兼容性，员工个体的价值观是员工对待生活、工作的基本行事规范和行为方式。在长期的组织工作过程中，受到所处工作环境、组织文化的熏陶影响，日积月累将会表现出同组织价值观系统相似、相同的价值观念。如果两者的一致性程度较高，我们就认为具有较高的价值观契合，反之，则价值观契合低。

3.1.4 心理授权

在过去 20 多年里，授权已经为众多的管理者所接受并运用于他们的管理实践中。然而由于分析角度或侧重点的差异，长期以来学者们对于授权的定义一直未能达成共识。但总的来讲，学术界对授权的研究主要存在两种取向：一种是从宏观角度出发，关注组织结构和政策，将授权视为组织所采取的一系列分享权力的管理措施，如决策权的下放、增加基层员工可以获取和使用的信息与资源，等等。这种取向也称为自上而下的授权或结构授权。例如，坎特（1977，1993）认为信息、支持、完成工作所需资源、持续发展机会以及组织机动性等因素一起将决定个体被授权的程度。另一种是从微观心理角度出发，关注个体对工作及自己在组织中角色的知觉或态度，将授权视为一种内在激励。例如，Conger 等（1988）认为传统的授权实践和研究都仅仅关注组织高层如何将权力下放给基层员工的措施或行为，而忽视了被授权者的心理体验。但是，只有当下属感受到自己"被授权"，他们才有可能产生态度及行为上的改变。因此，授权措施能否真正发挥作用，在很大程度上取决于被授权者的心理感受。这就是我们谈及的心理授权。

许多学者对心理授权的概念进行了研究。伯克（Burke，1986）在研究中指出，心理授权是个体对自我决定力的认识。吉斯特（Gist，1987）在对心理授权的研究中指出，心理授权是个体增强的内在动机，个人对自己完成任务的能力的信念。主要表现为反映个人对其工作角色的定位的四个方面的认知：自我效能、影响力、工作意义和工作自主性。杰伊（Jay）和拉宾德拉（Rabindra）（1988）认为心理授权应该关注授权后个体所产生的体验，需要从个体体验的角度来进行定义心理授权，认为心理授权是授权的个体体验的综合体。Conger 和卡农戈（Kanungo，1988）在研究中认为心理授权是通过释放自我效能从而提高工作绩效的过程，是个体内在动机形成和发挥作用的过程。Zimmerman 和拉帕波尔（Rappapport，1988）

在研究中更加关注于个体的责任感，认为心理授权是个体对需要承担的责任及自身行为对群体的影响的一种认识。他们强调了个体对目标的内化和自身的影响力的认识，从而影响自身的授权感受。阿什福斯（Ashforth，1989）在研究中将心理授权看作是个人的影响力，是个人对组织战略、管理或工作结果的影响程度。托马斯（Thomas）和万尔豪斯（Velthouse）（1990）认为心理授权是个体体验到的心理状态或认知综合体，包括工作和个体价值相匹配的心理认知。他们沿用了吉斯特（1987）提出的心理授权四维度，也认为心理授权应该包括四个构面：工作意义、自我效能感、工作自主性和工作影响。其中，工作意义指个体依据自己的理念和价值观来判断工作目标或目的的价值；自我效能感是指个体对完成工作活动所需能力的自信程度；工作自主性指个体对工作活动的自我控制能力；工作影响主要指个体能够影响组织战略、管理、运营结果或环境的程度。斯普雷策（Spreitzer，1995）在研究中将心理授权认为是表现在个体对其工作的四个方面的认知上的内在动机。波特菲尔德（Potterfield）（1995）通过对心理授权的探讨，认为心理授权是个体对于自己认为有意义的工作是否能够有效施以控制的一种主观感受。李（Lee）和科赫（Koh）（2001）在研究中指出授权实际上包含两个完全不同的方面：主管给下属授权的"客观行为"——管理授权、下属感知这种授权行为的"主观心理状态"——心理授权。梅农（Menon，2002）认为心理授权是个体控制感、胜任感和目标内化的认知。阿沃里奥（Avolio，2004）将心理授权看作是工作自主性，是个人对工作决策的自主性感觉。阿尔索普（Alsop，2005）则认为心理授权是个体做出有效决策的能力。

我国学者雷巧玲等（2006）认为，心理授权是组织中的成员对所在组织环境的感知过程。具体而言是对自身的工作价值、工作能力、工作中的自主性以及影响力的主观认知。基于这些认知能够产生内在激励。王国猛（2008）对团队心理授权进行了研究，认为团队心理授权是团队成员有必需的知识、能力、技能和问题解决方法等来圆满完成团队中富有意义的工作时，团队成员体验到的心理状态或认知的综合体，是包括工作和团队价值观相匹配的心理认知。刘云和石金涛（2009）在研究中认为，心理授权是个体通过对工作情境的评价而形成的内在动机状态，是一个可变的状态变量。刘景江和邹慧敏（2013）在研究中将心理授权看作是一个过程或心理状态，是个体对其工作角色定位的主观认知。

综合上述多位学者的研究，基于吉斯特（1987）、阿什福斯（1989）、阿沃里奥（2004）以及阿尔索普（2005）等学者对心理授权的概念界定，本文认为员工的心理授权是员工对工作情景的认知评价而形成的内在增强动机，是个体对授权心理体验综合体。包括自我效能感、工作自主性和工作影响力三个方面。其中，自我效能感表现为对员工完成任务能力的信念。工作自主性是指员工对工作活动的自我控制能力，工作影响力是个体影响组织战略、管理及工作绩效的程度。

3.1.5 知识型员工创新行为

知识型员工的概念最早是由管理大师彼得·德鲁克（Peter Drucker）提出的。他认为知识型员工是指那些掌握和运用符号、概念、利用知识或信息工作的人。知识型员工生产的不是物质产品，而是知识和思想，他们比组织中任何其他人更了解他们的工作（彼得·德鲁克，1959）。加拿大著名的学者弗朗西斯·赫瑞比（Frances Horibe）指出知识型员工就是那些创造财富时用脑多于用手的人们。他们通过自己的创意、分析、判断、综合、设计给产品带来附加价值，如管理人员、专业技术人员和销售人员等（Horibe，2000）。也就是说在工作中因"思考"而获得报酬的人。王兴成等（1998）从知识资本理论和人力资本理论来界定知识型员工。认为知识型员工是指从事生产、创造、扩展和应用知识的活动，为组织带来知识资本增值，并以此为职业的人员。彭剑锋和张望军（1999）认为，知识型工作要求员工具备智力输入、创造力和权威完成工作。杨杰等（2004）借鉴形式逻辑中"类与种差"的方式，将知识型员工看作是从事知识性工作的人。而知识性工作可以概括为更高的专业化、更快的创新、更高的入门学历以及更高的质量工作。刘凤霞和王洪志（2008）认为，知识型员工就是那些本身具备较强的学习知识和创新知识的能力，并能充分利用现代科学技术知识提高工作效率的脑力劳动者。林雪琴（2011）指出，知识型员工一般是指具有从事生产、创造、扩展和应用知识的能力，为企业带来知识资本增值，并以此为职业的人。一方面，知识型员工能够充分利用现代科学技术知识提高工作效率，另一方面，他们本身具备学习知识和创新知识的能力。孙继伟（1998）认为知识型员工是生产、重组、扩展和应用知识的人员。综合国内外专家学者对知识型员工的定义，基于研究的具体性，本文将知识型员工定义为：受过高等教育，或具备相关培训与资质认证，从事脑力劳动，并在工作中通过知识运用于创新、直接创造价值或增加附加价值的工作者。

创新的概念最早由熊彼特（Joseph A. Schumpeter）提出。他认为创新就是对生产要素的重新组合，是将原材料投入全新的工序加工生产，将成品或半成品推广到新开拓的市场，最终起到调整行业格局的作用。创新行为就是基于创新的特性而提出的行为概念。维德温（Vandeven，1986）最早提出创新行为的概念，认为创新行为就是建立在新构想基础上的实践活动。康特（Kanter，1988）认为创新行为是从创新个体对问题的认知到寻求赞同者的资助，最后由创新个体将创意加以应用的过程。韦斯特和法尔（Farr）（1989）认为创新行为是对新想法进行意念创造、介绍和应用的过程。斯科特和布鲁斯（1994）认为创新行为过程可以划分三个阶段：（1）从个体认知观念开始，对问题进行确立以及产生构想或解决方式；（2）寻求对创新构想的支持和援助；（3）尝试扩大影响，实现创新想法，形成商品化产品或服务等。阿玛贝尔（1996）在研究中认为，创新行为是员工有了新的想法并付诸了实施的行为。克莱森和斯特里特（2001）认为个体创新行为包括五个方面：寻找机会、产生构想、评估构想、支持以及应用。詹森（Janssen）和万（Van）（2004）认为创新行为包括创新思维产生、创新思维促进和创新思维实现。克林（Klign）和托米奇（Tomic）（2010）认为创新行为就是创造力的行为。达曼着尔（Damanpour, 1991）认为创新行为就是关于产品、服务、过程和程序的，新颖、有价值的创意、想法和方案的提出、产生和具体实践的过程。周和乔治（2001）认为创新行为指的是员工不仅有了新的想法还要付诸实施的行为。黄致凯等（2004）认为创新行为是指员工在工作过程中，产生创新构想或问题解决方案，并努力将之赋予实践的行为。包括产生和执行创新构想两个阶段的各种创新行为表现。刘云和石金涛（2009）将创新行为看作是员工有了新的想法并能提高工作效率的行为。顾远东和彭纪生（2010）认为创新行为就是员工产生了新的想法并体现为各种创新的行为。

基于上述学者对知识型员工和创新行为的研究，本文将知识型员工创新行为界定为员工运用知识通过脑力劳动在工作中寻找机会、产生创意以及努力付诸实践的行为活动。包括寻找创意机会、产生创意、创意促进和创意执行过程中的各种行为表现。在本研究中，知识型员工创新行为不仅仅指员工的创新想法产生，还包括了为产生创意而开展的前期探索行为、创意的推进以及在组织内外的全面执行等行为活动。同时，知识型员工创新行为的核心在于"新"，既可以表现在对原有产品或观念做出细微调整，也可以是与原来的产品或观念完全不同的突破性创新。

3.2 研究框架模型的建立

在明确了各研究变量的概念之后，本节将根据研究的目的和内容，借鉴心理学研究中的"刺激—机体—反应"研究范式，深入剖析创新导向、组织氛围对知识型员工创新行为的影响机制。并构建其影响模型，为下文变量间详细影响作用关系假设的提出奠定基础。

3.2.1 "S-O-R"研究范式

在探讨个体行为的前置因素研究中,心理学中的行为主义学派提出了有价值的研究范式。行为主义学派创始人约翰·B. 华生（John B. Watson）在其研究论文《行为主义者眼光中的心理学》中指出,个体的心理是隐不可见的,心理学应该采用客观的研究方法重点关注显见的行为,行为主义理论更应该探讨可被观察和度量的显性行为。同时,华生（Watson, 1913）还提出了个体行为的单向线性研究思路,认为个体行为直接受外界环境因素刺激而产生,由此产生了"刺激—反应"（简称"S-O"）行为研究模式（如图3.1所示）。可以看出"S-O"行为研究范式将个体的行为过度简化,把意识、思维以及心理状态看作是黑箱,认为外部刺激和行为反应两者之间没有中介传导,个体行为受到外界刺激的直接控制（李宏,2012）。"S-O"研究范式是简单的"因—果"模式,属于典型的机械唯物主义认识。虽然其研究范式被多数心理学研究者否定,但在当时具有重要的影响,在某些特殊情境研究中也具有一定的意义。同时对后来的研究也提供了参考。

图3.1　"S-O"研究范式

20世纪30年代之后,许多行为主义研究者纷纷认识到"S-O"研究范式无视个体内部因素、过度简化复杂的心理现象的局限性。他们发现,在现实生活中,面对相同的环境刺激,不同的个体产生了差异性的行为反应,可见刺激和反应之间不应该是简单的直接影响关系。新行为主义代表人物托尔曼（Tolman）通过对小白鼠的学习过程研究发现,个体行为受到多种因素的影响,包括累积性经验、外部环境、个体差异以及其他中介变量等。托尔曼认为,个体差异同外部环境刺激的结合形成了介于刺激和反应之间的中介变量，这种中介变量对个体的行为产生直接影响。由此，在心理学研究中就产生了"刺激—机体—反应"（简称"S-O-R"）模式（如图3.2所示）。环境心理学家梅拉比安（Mehrabian）和罗素（Russell）（1974）在研究环境和个体行为的中进一步完善了"S-O-R"模型，认为物理环境氛围能够影响个体的内在状态，并进而促使个体产生趋近或规避的行为反应。总之，"S-O-R"研究范式认为，研究个体的行为不仅要重视外部环境的刺激作用，更要关注个体内在意识的中介作用，外部环境因素刺激能够影响机体的内在心理状态，进而促使个体产生不同的行为反应结果（于茜虹，2011）。

刺激 → 机体 → 反应

图3.2　"S-O-R"研究范式

3.2.2　创新导向、组织氛围对创新行为的影响机制

自从"S-O-R"研究范式提出之后，先后被引入组织行为、社会管理以及市场营销等研究领域，取得了较好的解释效果。著名心理学家理查德·拉扎勒斯（Richard S. Larazus）在其著作《应激、评价和应对》中，以"S-O-R"模式为参考提出了跨学科理论分析框架，为"S-O-R"模式的广泛运用提供了有力支撑。于茜虹（2011）曾用于解释商业街传统文化属性及其魅力度的关系，研究发现：商业街蕴含的不同文化属性刺激能够影响消费者的感知价值，进而对其再惠顾行为意愿产生影响。阳毅（2013）在对企业知识领导与员工知识行为间关系的研究中也引入了"S-O-R"模式，认为知识领导行为环境能够影响员工同组织价值观的一致性感知，并进而影响员工的组织知识管理行为活动。欧阳叶根（2014）曾将"S-O-R"模式运用到一线员工服务沉默行为，指出一线员工面临的服务情景和组织情景可以影响员工的情感体验和心理安全感，并进而影响其服务沉默行为。可以看出，目前"S-O-R"模式已被广泛应用于探讨外

部环境刺激、个体内心状态和个体行为反应之间的关系研究。故此,本文也将借鉴"S-O-R"研究范式,构建创新导向、组织氛围对知识型员工创新行为的影响模型。

从社会控制理论的角度来看,个人表现出来的社会行为通常受到两种驱动力量的影响:一种是外在控制力量,是个体外部存在的组织力量,通常分为正式控制力量和非正式控制力量,正式控制力量是组织内部明确规定的政策、程序、契约、规章和制度等硬控制力量,非正式控制是个体所在组织拥有的风俗、习惯、风格以及氛围等软控制力量;另一种是内在控制力量,也称为自我控制,是个体将所处组织的规范约束进行内化而形成的一种主观能动力量(James 和 Coleman,1998)。按照社会控制理论视角,知识型员工在组织中的个体创新行为将会受到两种驱动力的影响:一种是外在控制力量,包括代表组织战略导向的硬控制,以及代表组织整体客观环境属性的软控制,可以看作是员工的外部环境刺激;另一种是内在控制力量,是知识型员工将组织规范内化为内在动力的表现,可以看作是员工的内在心理状态。

从外部环境刺激来看,企业知识型员工的创新行为主要受到组织战略导向和工作情景氛围两个层面因素的影响。战略导向决定知识型员工的行为方向,而工作情景氛围对知识型员工的行为选择也具有非常重要的影响作用。创新导向是组织为了应对市场永久性挑战而展开的创新驱动战略,属于战略层面的环境因素,能够为知识型员工提供战略性创新任务指导,对其创新行为有积极影响(De-Jong 和 Kemp,2003);组织氛围是知识型员工能够感知到的工作环境气氛,属于工作团队层面的环境因素,蕴含着团队群体对知识型员工的行为活动的期望和支持,对知识型员工的创新行为也存在着重要的影响(James 等,1990)。

从内在心理状态来看,知识型员工的价值观契合和心理授权是影响个体创新行为的重要因素。价值观契合是知识型员工与组织价值观的一致性程度,属于员工内在控制层面的匹配认知状态,能够影响知识型员工的去个人化程度、角色外行为和运动员精神（Charles 等，1991），这也就将直接影响知识型员工创新行为的产生。心理授权是知识型员工因工作情景而产生的内在增强动机，属于员工内在动机层面的综合认知状态，可以激发员工的创新热情，突破传统技术规则的局限，勇于开展创新性的行为活动（Block，1987；Spreitzer，1995）。

在对员工创新行为的众多研究中，个体心理状态被看作是一个重要的影响中介。其中，员工内在动机和个体角色认同是两个研究较多的中介变量（朱苏丽，2009）。从"S-O-R"模型研究范式也可以看出，外部环境刺激能够影响知识型员工的内在心理状态，并对其创新行为产生影响。在本文研究中，我们认为，价值观契合和心理授权在创新导向、组织氛围对知识型员工创新行为之间起到中介作用。如前文所言，价值观契合是知识型员工个体价值观和组织价值观的一致性匹配程度。这种价值观契合程度源于员工对组织环境的综合认知和自我评价，受到组织创新导向和工作氛围的刺激影响，并将影响他们在创新活动方面的努力，从而对其创新行为产生影响。心理授权是知识型员工基于工作情景而形成的内在增强动机。这种内在动机将会受到组织创新导向和工作氛围的影响，并进而对知识型员工的创新行为产生促进或抑制作用。斯普雷策（1995）通过实证研究发现，个体的内在授权在其工作环境因素和个体创造性之间起到部分中介作用。阿玛贝尔（1997）在研究中也曾指出，个体的内在动机状态在组织情景和创新性行为之间起到中介作用。

3.2.3 创新导向、组织氛围对创新行为的影响模型

基于社会控制理论，依据"S-O-R"模型研究方式，上文就创新导向、组织氛围对知识型员工创新行为的影响机制进行了分析。从各概念间的影响机制可以看出，知识型员工所在组织的创新导向战略环境和组织工作氛围对其创新行为有直接影响作用。同时还可以通过内在控制层面的价值观契合、内在动机层面的心理授权两个中介变量对其创新行为产生间接

影响作用。为了更加清晰地认识各变量间的影响关系，本文构建了创新导向、组织氛围对知识型员工创新行为的影响模型。如图3.3所示。

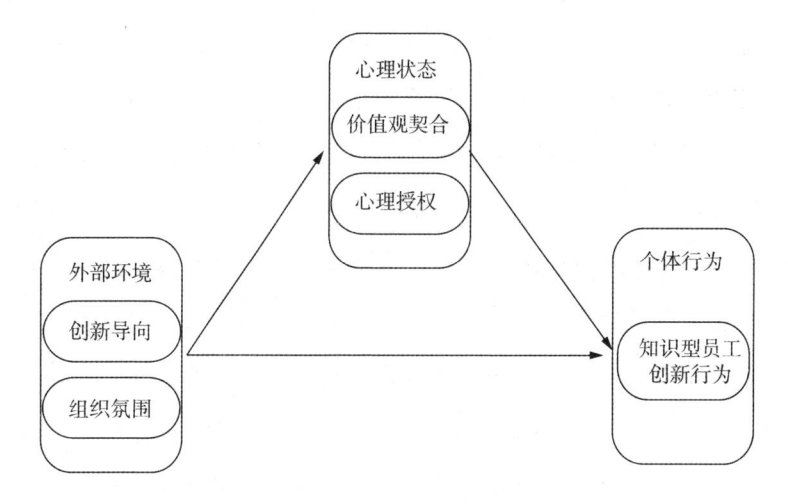

图3.3　创新导向、组织氛围对知识型员工创新行为的影响模型

3.3　影响关系假设的提出

在清晰了创新导向、组织氛围对知识型员工创新行为的影响机制之后，本节将对影响模型中各个变量间的详细作用关系进行深入分析，并在此基础上提出研究假设。

3.3.1　创新导向、组织氛围对创新行为的影响关系假设

社会控制理论认为，个人表现出来的社会行为受到外在的正式控制、非正式控制力量的影响（James和Coleman，1998）。创新导向是组织为了应对市场永久性挑战而展开的创新驱动战略，是影响员工创新行为的正式控制力量。在创新导向战略环境下，组织将会更加关注长期发展，投入更多资源到创新性活动中，鼓励知识型员工勇于承担风险、敢于不断尝试，

倡导不断放弃旧知识、学习和共享新知识，由此将不断促进知识型员工开展个体创新行为活动。赫尔利和霍特（1998）从战略文化的角度对创新导向进行了研究。认为以创新为导向的企业会主动探索新的机会，将更加关注外部变化，鼓励冒险和创造性，勇于承担进入未知新领域时的风险，减低员工对创新危险性的感知，可以促进员工创新行为活动的开展。德琼（De－Jong）和肯普（Kemp）（2003）在对个体创新行为研究中也指出，组织在战略上表现出对创新的关注、开展差异化的市场竞争战略可以对员工创新行为产生积极影响。达曼着尔（2009）通过实证研究发现，创新导向对待改变的态度与创新的引入明显正相关。李悦（2012）在对组织创新导向的研究中指出，创新导向意味着组织将加大对创新的承诺和支持程度，有效促进员工开展组织学习活动，能够推动创新过程的进展，可以正向影响员工的创新行为。杜鹏（2008）在对市场导向和创新导向的融合研究中指出，创新导向反映了企业重视和鼓励创新的程度，能够降低内部阻碍变革的阻力，推进新系统、新过程和新产品的引入，这些都将有助于员工开展创新行为。

组织氛围是知识型员工能够感知到的工作环境气氛，是影响知识型员工的非正式控制力量。康费尔（Kanfer，1989）在对创造力的研究中指出，个体创新行为源于个别任务，但组织整体环境将助长或抑制创新行为的产生。他通过长期的研究发现，系统完整的组织结构、多元化的工作团队、互助协作的团队关系、多元的内外联系等组织氛围将能够促进创新性活动的产生。可以看出，良好的组织氛围蕴含着团队群体对知识型员工的行为活动的期望和支持；公平合理的绩效考评、通畅快捷的信任沟通以及工作团队的协作支持等环境氛围，这种组织氛围能够有效地吸引知识型员工的注意力和行动，可以为知识型员工激发创新动机、挖掘创新源泉、提供创新支持，由此可以促进知识型员工开展创新性活动。兹穆德（1982）在研究中认为，创新形成于组织氛围，员工可以从氛围中组织成员认识到组织对创新的需求；工作中蕴含的创新机会以及组织支持创新的努力，这些都可以催生员工的创新行为。阿贝和迪克森（1983）通过研究表明，组织鼓励与支持是影响研发人员创新绩效的关键因素。詹姆斯等（1990）在对组织氛围的研究中指出，组织氛围意味着组织对员工个人行为活动的期望，当员工接受到这些外部信息刺激时，为了回报或达成组织期望，会通过调整个体行为朝向创新活动。阿玛贝尔等（2002）也指出，良好的组织氛围意味着员工拥有充足的物质资源、合理的配置方式，这些将会体现组织对创新性活动的支持状态，能够有效促进员工开展创新行为活动。周和乔治（2001）在研究中发现，组织对创新的支持氛围可以正向影响员工创新行为。蒂尔尼和法默（2002）在对组织氛围的研究中也指出，时间、物资、信息和他人的帮助等良好的组织氛围对员工创新能力的发挥以及创新行为的实现起到了重要作用。国内学者罗瑾琏等（2013）认为公司支持、上司支持和团队支持可以激发员工创新行为。历明（2013）、许丹丹和陈雪琼（2013）等学者在研究中也验证了组织氛围对员工创新行为的积极影响。

基于以上分析，本文认为创新导向和组织氛围两个层面的外部环境刺激对知识型员工创新行为具有积极的影响作用。假设关系如下：

H_1：创新导向对知识型员工创新行为具有积极的影响作用。

H_2：组织氛围对知识型员工创新行为具有积极的影响作用。

3.3.2 创新导向、组织氛围对价值观契合的影响关系假设

从心理学的角度来看，外部环境刺激能够影响个体的心理状态（Mehrabian 和 Russell，1974），个体会将自身特征和环境特征进行融合，从而形成对既定环境的内在心理反应（Chatman，1991）。价值观契合属于人与环境互动理论研究范畴，是知识型员工和所处的组织环境相互作用的结果列文（Lewin，1951），是反映员工和组织价值取向的一致性程度。组织实

施创新导向战略，能够激发知识型员工内心中的创新激情，塑造知识型员工工作的创新理念，促进员工与组织的一致性契合。同时还可以为知识型员工的工作提供充足的资金、物质和机遇等资源，而知识型员工个体则可以通过努力工作、积极承诺和创新投入等满足组织创新发展要求，共同推动员工和组织的补偿性契合（Krstof，1996）。达顿（Dutton）等（1994）在对员工对组织认同的研究指出，具有吸引力的组织特征能够满足员工自我区别、内心增强和发展延续的个人需求，可以有效提升员工对组织的一致性认同程度。阿什福斯和梅尔（Mael）（1992）在研究中也指出，在激烈的市场竞争环境中，具有显著性特征的组织能够提高员工对组织的认同程度。组织实施创新导向战略能够有效提升组织的显著性特征、提高组织的内外吸引力，可以促进员工对组织的认同程度，从而也将能够提高员工和组织的价值观契合程度。

组织氛围对知识型员工的价值观契合也存在着积极的影响作用。良好的组织氛围意味着具有融洽互助的同事关系和支持协作的工作联系，组织拥有的这种团队合作的精神、和谐共处的氛围能够满足知识型员工对友情、人际交往和组织归属的心理需要，不断提升知识型员工的组织社会化程度，有效提高员工和组织的一致性和补偿性契合程度。布朗等（1986）在研究中指出，组织内部积极的人际关系有利于发现员工和组织之间价值和信仰的相似性，可以有效提高组织对员工的吸引力，提高两者的契合程度。Tyler等（1996）研究发现，组织内部的公平氛围可以有效提升员工对组织的认同程度。本科夫（Benkhoff，1997）在对主管支持的研究中发现，上级主管对下属的支持能够提升员工对组织的认同水平。Morgan（2004）通过实地调查研究发现，员工之间良好的同事关系、上下级关系对员工的组织认同感具有显著的正向影响。可以看出，和谐的人际关系、互助支持的同事关系、公平融洽的工作关系等组织氛围，能够促进员工对组织的一致性认同程度，有效提高员工对组织的价值观契合程度。

基于以上分析，本文认为创新导向和组织氛围两个层面的外部环境刺激对知识型员工的价值观契合具有积极的影响作用。假设关系如下：

H_3：创新导向对知识型员工价值观契合具有积极的影响作用。

H_4：组织氛围对知识型员工价值观契合具有积极的影响作用。

3.3.3 创新导向、组织氛围对心理授权的影响关系假设

心理授权是员工基于工作情景而形成的内在增强动机，外界环境刺激是心理授权形成的基础。马斯洛（1979）在对授权的研究中曾指出，当组织内的员工觉察到可以在工作中获得信息资源、同事支持以及良好的发展机会时，将会产生授权感。组织实施创新导向战略可以为知识型员工实施创新活动提供战略性支持，提高知识型员工对自身工作价值的主观判断，加大知识型员工自主工作、自我决策的工作行为和过程自主性控制，提升知识型员工工作对组织战略发展的影响力，有效地促进知识型员工的心理授权。马什拉（Mishra）和斯普雷策（1998）在对心理授权的研究中发现，组织可以通过改进员工的工作环境来增强其心理授权，可以为员工提供信息、资源和机会等要素的支持，加强员工对控制力和影响力的感知，不断提高员工的自我效能。Bowen 等（1992）在对组织变革和员工心理授权的关系研究发现，如果组织能够建立良好的变革支持环境，将会为员工带来心理授权感知。

组织氛围是员工感知到的工作环境气氛，良好的组织氛围可以有效促进知识型员工的心理授权。托马斯和万尔豪斯（1990）在研究发现，员工对组织工作情景的评价具有主观性，是通过对环境的自身解释而形成的。如果员工在获取、使用资源过程中感觉到受到局限，那么就会降低员工的授权感。良好的组织氛围可以有效加大知识型员工对组织供给资源的主观解释，促进他们同组织、群体及其他员工的社会交换，增强

其个人权利感（Spreitzer，1996）。还可以增加知识型员工在组织决策中的卷入度，提升自我效能感（Shadur等，1999）。同时还能够增强知识型员工对自身工作价值和工作自主性的认知，加大他们对宏观授权的心理体验。约翰逊（Johnson）和瑟斯顿（Thurston）（1997）研究发现，组织中的管理者沟通、员工关系、团队工作均能够对员工的心理授权产生积极影响作用。拉钦格（Laschinger，1995）在研究中指出，支持性的组织工作环境能够有效提高员工的心理授权。斯普雷策（1996）在对组织结构特点和心理授权的关系研究中，通过实证检验发现，营造相互支持、共同参与的组织氛围可以增加员工的心理授权程度。雷巧玲等（2006）在对心理授权的研究中发现，在员工导向文化下，营造自由、快乐、有创造力的组织氛围，能够有效促进组织内员工的心理授权程度。

基于以上分析，本文认为创新导向和组织氛围两个层面的外部环境刺激对知识型员工的心理授权具有积极的影响作用。假设关系如下：

H_5：创新导向对知识型员工心理授权具有积极的影响作用。

H_6：组织氛围对知识型员工心理授权具有积极的影响作用。

3.3.4 价值观契合、心理授权对创新行为的影响关系假设

社会控制理论的研究认为，内在控制力量是影响个人行为的重要驱动力量（James和Coleman，1998）。阿森（Ason，2002）在对创新的研究中也指出，员工积极的心理感受有助于创新活动的开展。价值观契合是知识型员工内在控制层面的匹配认知状态，高契合程度意味着员工和组织具有相同、相似或互补的价值取向，能够为员工带来感知到的更多的沟通交流、吸引力和信任。这种心理需要的满足将会促使员工产生较高的归属感，能够激发他们更高的工作热情，有利于员工实现对工作和组织的高程度嵌入（赵慧娟，2015），表现出更多的角色外行为和运动员精神（Dukerich，2002）。这些高嵌入度、高能动性的行为活动有助于知识型员工发现

创新机会、开展创新活动、运用创新成果，可以有效促进创新行为的产生。朱青松和陈维政（2009）在对员工和组织价值观匹配的研究中指出，员工和组织价值观实现度匹配较高时，可以促进员工表现出组织公民行为。王震和孙健敏（2010）在对个体创新行为的研究中指出，人和组织价值观匹配影响个体的创新行为。他们认为价值观匹配意味着员工同组织具有一致的行为方式、处事理念以及价值判断取向，价值观一致性高的员工将会感觉到组织工作的融洽关系，在工作中也会表现出更多的投入，感觉到身为组织成员的自豪感和认同感。这些将影响他们的角色认同和任务建构，进而表现出组织期望的创新行为。杨芙（2011）在对人和组织匹配对员工创新行为的关系研究中也发现，价值观匹配对员工创新行为具有积极的影响。谭道伦（2011）在对员工服务创新行为研究也指出，当员工与组织具有较高认同程度时，会将自己的认知和内化的组织价值观有机结合，从而激发出团队协作的意愿和服务创新的动力，进而表现出组织期望的员工创新行为。

阿玛贝尔（1996）在其提出的创造力理论中指出，任务动机是影响创造力的重要个体因素。许多学者对内在动机和创新行为的关系也进行了研究。Redmond 等（1993）通过研究发现，高水平内在动机的员工更具有创新性。卢小君和张国梁（2007）也曾指出，内部动机对员工创新构想产生和执行具有显著的影响。心理授权是知识型员工基于工作情景而产生的内在任务动机，高水平心理授权意味着具有较高的工作自主性、较强的自我效能感、重要的工作意义和影响力认识，这些都将有利于激发知识型员工的工作创新激情，促使员工不断突破技术规则限制，敢于担当责任，勇于承担风险，更加充分地发挥自身创造潜力，积极从事创新性行为活动（Carmeli，2006）。斯普雷策（1995）通过对企业中中层管理人员的研究发现，心理授权对他们的个体创新行为具有显著的积极影响。詹森（2005）通过实证研究也证实，心理授权对员工创新行为具有显著的积极影响。卢昌勤等（2006）在对管理者的自我效能感研究中发现，自我效能感能够有效促进管理人员创新行为的产生。杨芙（2011）在对员工创新行为研究中也指出，员工心理授权对其创新行为具有显著的正向影响。

基于以上分析，本文认为价值观契合和心理授权两个层面的心理状态对知识型员工的创新行为具有积极的影响作用。假设关系如下：

H_7：价值观契合对知识型员工创新行为具有积极的影响作用。

H_8：心理授权对知识型员工创新行为具有积极的影响作用。

3.3.5 价值观契合、心理授权的中介影响关系假设

心理学研究中的"S-O-R"模型认为，知识型员工受到的外部环境刺激能够影响他们的内在心理状态，并对其创新行为产生影响（Mehrabian 和 Russell，1974）。即知识型员工的内在心理状态是所受外部环境刺激和个体创新行为的中介变量。许多有关员工创新行为的研究也将个体心理状态看作是重要的影响中介。斯普雷策（1995）通过实证研究发现，个体的内在授权在其工作环境因素和个体创造性之间起到部分中介作用。阿玛贝尔（1997）在研究中也曾指出，个体的内在动机状态在组织情景和创新性行为之间起到中介作用。在本文研究中，我们认为价值观契合和心理授权在创新导向、组织氛围对知识型员工创新行为之间起到中介影响作用。

知识型员工与组织价值观的契合程度源于员工和组织的互动关系，是员工对组织环境的综合认知和自我评价，受到组织创新导向和工作氛围的刺激影响，并将影响他们在创新活动方面的努力，对其创新行为产生促进或阻碍作用。创新导向战略的实施能够点燃知识型员工内心中的创新激情，满足自身自我实现价值的需要，并能够为知识型员工的工作提供信息、物质和机遇等资源支持，促进两者价值观实现一致性和互补性契合。

这种高程度的价值观契合使得知识性员工在工作中表现出更多的角色外行为和运动员精神（Dukerich，2002），有利于他们增加工作投入、提高工作效能（赵慧娟，2015），对个体从事创新行为活动具有重要的积极推动作用。良好的组织氛围可以满足知识型员工人际关系、感情友情和组织归属等心理需要，在工作中能够为知识型员工提供创新支持，可以有效促进他们和组织团体的一致性契合。这种价值观的契合将能够增强知识型员工对组织支持创新氛围的感知，有利于激发知识型员工团队协作、共同创新的行为意愿（谭道伦，2011），从而有助于知识型员工发现创新机会、进行创新活动以及对创新产品的后期推广。谭道伦（2011）在对金融服务业员工创新行为的研究中也证实，员工对组织的认同在组织支持氛围和服务创新行为之间具有中介作用。

在许多学者的研究中，心理授权常常被作为外部环境和员工创新行为的中介变量。心理授权属于知识型员工基于工作情景而形成的内在动机。这种内在动机将会受到组织创新导向和工作氛围的影响，并进而对知识型员工的创新行为产生影响作用。创新导向战略的实施能够为知识型员工实施创新活动提供更多战略资源支持，赋予他们更大的工作自主性和自我决策空间，这些都将能够增加知识型员工的内心工作动机，提高心理授权程度。在这种内在增强动机激励下，知识型员工将会突破传统的技术规则局限，体现出更多的个体弹性、灵活性和创造性，也将促进知识型员工表现出更多的创新行为。良好的组织氛围能够提高知识型员工工作中获取和使用资源的自由权力，加大他们同其他成员的社会交换程度，可以有效提高心理授权程度。这种内在动机的增强会使知识型员工在工作中表现出敏捷的思维、充沛的精力和敢于冒险的特性，使他们更加自信、更加倾向于提出新想法和新创意，从而促进创新行为的产生。刘云（2010）在对组织气氛和员工创新行为的研究中曾发现，心理授权在组织支持和主管支持的气氛和创新行为间存在中介作用。

基于以上分析，本文认为价值观契合和心理授权两个层面的心理状态在创新导向、组织氛围同知识型员工的创新行为之间存在中介作用。假设关系如下：

H_9：价值观契合在创新导向和知识型员工创新行为之间具有中介影响作用。

H_{10}：价值观契合在组织氛围和知识型员工创新行为之间具有中介影响作用。

H_{11}：心理授权在创新导向和知识型员工创新行为之间具有中介影响作用。

H_{12}：心理授权在组织氛围和知识型员工创新行为之间具有中介影响作用。

至此，本文为了探讨创新导向、组织氛围对知识型员工创新行为之间的影响作用关系，共提出了12个假设关系。其假设关系模型如图3.4所示。

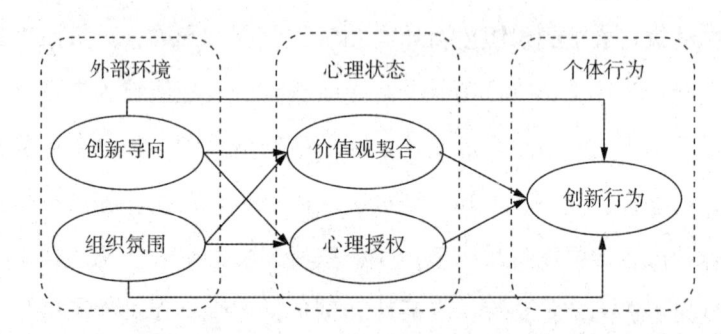

图 3.4 创新导向、组织氛围对知识型员工创新行为的影响作用关系假设模型

3.4 本章小结

本章在上章理论研究综述基础上，对创新导向、组织氛围、价值观契合、心理授权和创新行为等变量进行了概念界定。并在此基础上依据社会控制理论、"S-O-R"模型研究范式，深入剖析了创新导向、组织氛围对知识型员工创新行为的影响机制，构建了各要素间的框架模型。并借鉴先前学者的研究成果，经过理论推导、逻辑推演，逐步提出各变量间的影响关系假设，构建出了本研究的理论模型。本文认为，知识型员工所在组织的创新导向战略环境和组织工作氛围对其创新行为有直接影响作用。同时还可以通过内在控制层面的价值观契合、内在动机层面的心理授权两个中介变量对其创新行为产生间接影响作用。

第4章

研究方法设计

在上一章提出创新导向、组织氛围对知识型员工创新行为影响作用关系假设模型后，本章将为了检验关系假设模型进行研究方法设计。主要包括调查问卷设计、问卷发放与数据收集、样本基本情况说明、研究变量度量量表选择、量表信度和效度检验以及本研究所使用数据分析方法的简单说明。通过这些内容的设计安排，为之后的数据处理分析提供依据。

4.1 调查问卷设计

为了检验本文提出的创新导向、组织氛围对知识型员工创新行为影响关系假设，研究需要采用调查问卷的方式进行数据收集。本研究调查问卷设计主要从设计原则和程序、问卷表现形式选择、问卷答题形式选择以及问卷预测调整等部分来完成。

4.1.1 问卷设计的原则和程序

调查问卷是用于度量研究群体的认知、态度和行为的一种测量工具，通常由一系列同研究内容相关的题项构成，是开展描述性、因果性研究不可或缺的度量工具，已经成为社会学、心理学和管理学等学科研究的重要定量分析应用工具。本研究主要研究变量属于知识型员工的认知、态度和行为领域概念，可以采用问卷调查的方式，通过设置多题项测量内容来收集研究对象的相关数据，进而进行深入、系统的定量分析，对本文提出的多条影响关系假设进行验证和解释。为了保证问卷调查实施的有效、可信性，本研究需要依据科学的问卷设计原则。

（1）简明原则。调查问卷设计应该坚持精简、明确的思想，题项数目在满足研究要求的情况下尽量少、精、简，这样可以便于被试者理解和回答，减少主观误差。

（2）题项合理原则。调查问卷问题在设计时，应该尽量避免带有倾向性、难以回答或未经确认的事情作为前提假设，需要采用客观、中立和科学的题项设定（李怀祖，2004）。

（3）完备和互斥原则。调查问卷中题项答案应该涵盖所有的可选范围，彼此间不存在重叠模糊的交叉，题项答案设置避免被试者无法回答、无从选择的情况产生。

（4）次序合理安排原则。调查问卷在进行题项次序安排时，需要依据从简到难、从一般到复杂的次序，对于可能涉及隐私的问题放置到问卷最后部分来进行调查（荣泰生，2005）。

（5）便于分析整理原则。调查问卷在设计时应该依靠研究内容进行合理设置题项，对题项做到事先编码、合理设置，做到方便后期数据录入和分析处理。

为了保障问卷调查中题项数据的准确可用性和可靠性，本研究在坚持上述多项问卷设计原则的同时，遵循以下四个阶段的问卷设计程序。

（1）设计初始测度题项。依据本研究对各变量的概念界定，结合多位学者前期研究成果，采用得到广泛验证、具有较高信效度的变量量表作为问卷的初测题项。

（2）专家小组讨论。初测题项设置形成问卷初稿后，本研究组织多位专家对问卷问题进行小组讨论，进一步核实各度量题项的科学合理性，对题项内容表述进行讨论修改，形成修改版问卷。

（3）问卷的预测与确定。将修改后的问卷选取小范围的被试者进行预先测试，依照被试者预测结果和反馈意见对问卷进行多次修改，完成最终版问卷。

4.1.2 问卷的表现形式

按照国际学术界研究经济管理问题时通用的问卷设计格式，本研究将调查问卷共分为封面信、指导语、题项及答案、编码信息等部分内容（李怀祖，2004）。其中，在封面信部分，主要是阐明该问卷调查的目的，解释问卷中的基本内容、说明答卷的基本要求、调查这基本承诺等，以此来消除被调查者的心理顾忌。在指导语部分，主要是向被调查者说明填写问卷的正确方法，解释问卷中涉及的疑难内容，给出填写示例。题项及答案是调查问卷的主体部分，包括用于度量本研究各研究变量的题项和答案、统计被调查者的基本特征题项和答案，以及一些本研究涉及的控制变量的测量题项和答案。问卷编码信息是为了后期数据处理而对所需要统计的题项和答案进行代码标识，避免产生数据信息错乱，提高数据整理效率和效果。

在问卷主体部分，本研究基于上文提出的研究关系模型假设，设置了多项封闭式题项用于收集知识型员工相关事实性和认知态度性问题数据。这些封闭式题项主要分为知识型员工认知态度性问题、事实性问题和人口统计学特征问题三个部分内容。

（1）认知态度性问题。这些题项主要度量知识型员工对于创新导向、组织氛围、价值观契合、心理授权和创新行为的认知或态度水平，采用多题项度量单一变量的方式进行设计，选择李克特（Liket Scale）5级尺度量表进行测度。

（2）事实性问题。这些题项主要是度量知识型员工及其企业具有的特征，用来作为控制变量的测算，本研究将采用单项选择的形式供被调查者填答。

（3）人口统计学特征问题。这些问题主要是度量本研究样本抽样选择的基本特征，也将采用单项选择的形式供被调查者填答。

除了以上问卷展现的格式和内容之外，为了避免被调查者产生仁慈误差、中间倾向和晕轮效应等问题（林义屏，2001），本研究问卷设计时还将问题的询问方法、题项的说明、引导语的介绍等做了更加客观、清晰、中立性的修饰安排，以期能够提高问卷调查的客观规范性。

4.1.3　问卷的答题形式

在本研究调查中，将采用知识型员工主观评分法来收集各个研究变量的数据，由知识型员工按照所在组织的战略实施情况、组织气氛表现、主观感知及创新行为表现程度，来对创新导向、组织氛围、价值观契合、心理授权和创新行为等研究变量测度题项的等级进行评定。如果自己评估发现某题项描述属于中等程度，则可选择3，其余等级则可类推。由于本研究涉及的各个变量测度均可通过知识型员工的认知和态度评价来进行测度，问卷中的事实性问题可以直接选择事实性题项答案。故此，本研究采用主观评分法具有较高的可靠性。

4.1.4　问卷的预测调整

按照本研究提出的假设关系，借鉴现有学者们对变量的测度量表内容，经过规范的问卷内容、语句和次序布置后，我们完成了初始问卷，经过三位校内专家、五位博士研究生的小组讨论完成问卷的修改调整。之后，本研究选取了20位企业知识型员工，按照规范的问卷调查方式进行了预测。之后，询问被调查者对本次调查问卷中题项内容的理解是否存在问题，是否存在答题困难的题项，对调查问卷是否有修改建议。最后，本研究根据各位预测被调查者的建议，对修改问卷进行了再次修改完善，形成本研究的正式调查问卷（见附录）。

4.2 数据收集与样本

4.2.1 数据收集情况

本研究的调查问卷于2015年10月到2016年1月间进行大规模发放，涉及省份和直辖市主要包括北京市、内蒙古自治区、河南省、吉林省、浙江省、辽宁省、湖南省、宁夏回族自治区、江苏省、四川省、上海市、河北省、广东省、福建省、山东省、广西壮族自治区、陕西省、安徽省、重庆市、贵州省、黑龙江省。本研究通过三种方式进行问卷调查。(1) 借鉴博士研究生的力量，在长春地区进行企业登门拜访获得问卷调查。这种方式进行问卷调查数量大概占20%。(2) 利用职业工作关系，在全国范围内选择符合条件的企业，采用电子问卷的形式对知识型员工进行调研，获得问卷数量约占30%。(3) 通过网络平台在线填写的方式对符合条件的知识型员工进行问卷调查，这种调查方式约占50%。

表4.1 样本的基本特征

基本特征	分类	样本数	百分比
员工年龄	21—25岁	49	7.3%
	26—30岁	220	32.8%
	31—35岁	207	30.8%
	35—40岁	93	13.9%
	41—45岁	62	9.2%
	45岁以上	40	6.0%

续表

基本特征	分类	样本数	百分比
受教育程度	中专	18	2.7%
	大专	96	14.3%
	本科	467	69.6%
	硕士	81	12.1%
	博士	9	1.3%
企业年龄	1—2年	95	14.2%
	3—5年	222	33.1%
	6—10年	232	34.5%
	10年以上	122	18.2%
企业性质	国有及国有控股企业	126	18.8%
	民营企业	329	49.0%
	合资企业	106	15.8%
	外资独资企业	110	16.4%
行业性质	公共事务	22	3.3%
	制造	356	53.1%
	服务	83	12.4%
	金融保险	35	5.2%
	零售	24	3.6%
	通讯电子	71	10.6%
	房地产	24	3.6%
	医疗	14	2.1%
	其他	42	6.3%

续表

基本特征	分类	样本数	百分比
企业规模	10—50 人	64	9.5%
	50—100 人	81	12.1%
	100—150 人	83	12.4%
	150—200 人	92	13.7%
	200—500 人	144	21.5%
	500 人以上	207	30.8%
岗位性质	技术类	229	34.1%
	管理类	245	36.6%
	工勤类	197	29.3%

本研究共发放问卷 1000 份，回收问卷 817 份，回收率 81.7%。根据本研究对知识型员工的界定，在对问卷的检查中剔除不符合要求的样本填写问卷 38 份、完成率低于 80% 的样本 63 份、填写非常随意样本 27 份，企业重要信息缺失样本 18 份，共获得有效样本问卷 671 份，有效问卷回收率 67.1%。

4.2.2 样本基本特征

回收样本调查问卷之后，本研究对样本基本特征进行了简单分析。如表 4.1 所示。可以看出，本次调查中知识型员工多数集中在 26—35 岁之间，占总样本数的 63.6%；从受教育程度来看，大专学历员工占 14.3%，本科学历员工占 69.6%，研究生学历员工占 13.4%，高学历员工比例较高；从被调查员工所在企业来看，调查者所在企业主要集中在 3—10 年，占总样本数的 67.6%，国有及控股企业占 18.8%，民营企业占 49.0%，合资企业占 15.8%，外资独资企业占 16.4%，这些企业主要集中在制造业（53.1%）、服务业（12.4%）和通讯电子行业（10.6%），企业规模分布比较均衡，500 人以上企业占比稍高（30.8%）；从被调查者岗位性质来看，技术类岗位员工占 34.1%，管理类岗位占 36.6%，工勤类岗位占 29.3%。总体来看，本次调查样本具有代表性，比较有效。

4.3 研究变量度量

研究变量的度量是进行本研究提出各变量间影响作用关系假设检验的重要环节。量表题项设置的准确性、有效性影响关系假设检验的最终结果。本研究需要度量的变量主要包括创新导向、组织氛围、价值观契合、心理授权和创新行为等五个变量，其中心理授权需要从自我效能感、工作自主性和工作影响力三个维度变量进行测量。目前，学术界对上述变量的测量已有较为成熟的量表。本研究将根据上文界定的变量概念，借鉴国内外现有成熟量表，并结合知识型员工调查情景进行适当修改，经过探索性因子分析检验，得到本研究所使用的变量度量量表。

4.3.1 创新导向

创新导向和市场导向是企业应对外部经营环境采取的两种不同的经营哲学（杜鹏和万后芬，2007）。创新导向是企业为了应对永久性的市场竞争挑战而展开利用新资源、寻找新理念、研发新产品以及发明新方法等进取性和前瞻性行动的倾向，反映了企业对产品技术、组织以及管理方面创新的重视程度。目前有许多学者对创新导向的度量进行了深入研究。Manu 和史利南（1996）在对创新导向的研究中，采用组织创新导向实施的结果来测量创新导向，包括创新性产品数量、技术研发的支出、市场进入次序等。赫尔利和霍特（1998）在研究中开发了五个题项的创新导向量表。通过信度和效度检验，具有较好的可靠性。凯文和杰拉尔德（2005）在探讨中国企业创新导向问题时，提出需要更加重视企业整体战略及经营管理领域的创新开放程度。他们在赫尔利和霍特（1998）五题项量表的基础上开发了三题项的创新导向量表。杜鹏和万后芬（2007）在对创新导向和市场导向的融合研究中，从高度创新性、风险承担性和超前行动性三个方面对创新导向进行了研究。江岩（2008）在对企业创新战略导向研究中，借鉴了鲁巴廷（Lubatkin）等（2006）、詹林（Jansen）等（2005）开发的创新导向量表，从探索型创新和开发型创新两个方面对创新导向进行了度量，最终形成12个题项的研究量表。郭贤达等（2009）在研究中主要从发明创造开发、创新产品概念提出以及制定生命周期计划等方面对创新导向进行了测量。李锐（2012）在对组织创新导向的研究中对创新导向的内涵进行了深入分析，从学习驱动、创新承诺和氛围塑造三个维度开发出了11个题项的测量量表，实证检验具有较高的信度和效度。

综合上述多位学者对创新导向变量量表的研究，本研究将借鉴赫尔利和霍特（1998）、凯文（Kevin）和杰拉尔德（Gerald）（2005）验证过的创新导向量表题项，并经过专业英文翻译、回译和情景校验修改后形成本研究所使用的初始量表题项，共包含五个题项：

（1）非常重视创新；

（2）强调为了战略发展需要进行创新；

（3）重视新资源开发和利用；

（4）重视管理理念创新；

（5）大力支持产品或服务技术创新。

经过探索性因子分析，五个题项能够析出一个共同因子，可以达到测量创新导向要求。具体测度量表如表4.2所示。

表 4.2 创新导向量表

请根据您企业实际情况进行5级评价	完全不符合			完全符合	
Q11. 非常重视创新	1	2	3	4	5
Q12. 强调为了战略发展需要进行创新	1	2	3	4	5
Q13. 重视新资源开发和利用	1	2	3	4	5
Q14. 重视管理理念创新	1	2	3	4	5
Q15. 大力支持产品或服务技术创新	1	2	3	4	5

4.3.2 组织氛围

组织氛围是组织拥有的一种整体属性,是知识型员工能够感知到的工作环境气氛。目前有许多学者对组织氛围的量表进行了大量研究。早期比较成熟的组织氛围量表包括因赛尔(Insel)和莫斯(Moos)(1975)开发的 WES(The Work Environment Scale)量表、西格尔(Siegel)和凯美尔(Kaemmerer)(1983)编制的 CCQ(Creative Climate Questionnaire)量表、美国哈佛大学教授特雷莎·阿玛贝尔(Teresa Amabile)编制的 KEYS 量表,以及英国谢菲尔德学派迈克尔·韦斯特(Michael West)编制的 TCL 量表。阿玛贝尔(1996)认为组织氛围是组织成员对其所处的工作环境的知觉描述,可以利用自陈量表将员工对组织气氛的知觉予以测量,具体包括组织创造性、自由性、压力以及组织对创造力的阻碍等方面内容。Litwin 和 Stringer(1968)在研究中编制了组织氛围量表,包括结构、责任、报酬、风险、温暖、支持、标准、冲突和认同九个维度 50 个题项。该量表经过台湾学者许士军引入中国文化情境下的组织氛围研究,之后经过张瑞春(1998)、蒋景清(2003)等学者的进一步检验形成 22 个题项的组织氛围量表。Payne 等(1991)在研究组织氛围时,从组织进程、服务和系统取向以及合作三个方面对组织氛围进行了测量。美国盖洛普公司开发出了 12 个题项的盖洛普 Q12 量表,从组织支持、工作成效和归属感等方面进行了测度,因其测量题项少而受到国内企业测评的广泛应用。博克(Bock)等(2005)在研究中,从友好关系、创新氛围和公平氛围等方面对组织氛围进行了测量。王士红等(2013)在博克等(2005)量表的基础上进行了实证检验,结果显示具有较高的信度和效度。王端旭和洪雁(2011)在研究中认为组织氛围是员工对工作环境的一种认知,可以分为支持性组织氛围和控制性组织氛围两种性质,借鉴了阿玛贝尔编制的 KEYS 量表和邱皓政编制的组织气候量表,开发出六题项的组织氛围量表,具有较好的信度和效度。王仙雅等(2014)在对组织氛围的研究中,从信任、沟通、情绪和公平四个维度对组织氛围进行了测量,结果显示12个题项的量表具有较好的信度和效度。刘云(2010)在研究中从同事支持、主管支持和组织支持三个维度对组织创新氛围进行了测量,开发出15个题项的测量量表,经过检验具有较好的信度和效度。

综合上述各位学者对组织氛围量表的研究,本文借鉴阿玛贝尔(1996)、博克等(2005)和王士红等(2013)研究中提出的组织氛围量表题项内容,按照本文对组织氛围的概念界定,主要从组织公平、同事协作以及主管支持三个方面来对组织氛围进行测量,共设计出9个测量题项。通过探索性因子分析,其中6个题项能够析出一个共同因子,其他3个题项因子载荷较低,删除后形成了6个测量组织氛围的量表。具体题项包括:

(1) 同事之间能够相互支持和协助;

(2) 同事之间乐意分享各自的看法;

(3) 主管鼓励下属表达自己的新观点;

(4) 组织内部不存在沟通障碍;

(5) 组织绩效评估体系公正合理;

(6) 主管对待同事一视同仁。

组织氛围的测度量表如表4.3所示。

表4.3 组织氛围量表

请根据您企业实际情况进行5级评价	完全不符合			完全符合	
Q21. 同事之间能够相互支持和协助	1	2	3	4	5
Q22. 同事之间乐意分享各自的看法	1	2	3	4	5
Q23. 主管鼓励下属表达自己的新观点	1	2	3	4	5
Q24. 组织内部不存在沟通障碍	1	2	3	4	5
Q25. 组织绩效评估体系公正合理	1	2	3	4	5
Q26. 主管对待同事一视同仁	1	2	3	4	5

4.3.3 价值观契合

价值观契合是员工自身的价值观模式和组织价值观模式的一致性匹配程度，可以通过知识型员工评价自身同组织之间价值观的相符程度来进行测量。目前，学者们对价值观契合测量的主要分为两种方法：间接测量法和直接测量法。间接测量法是对个人和组织两个层次价值进行分别测量之后，通过对两者的整合分析得出价值观契合程度，分为单水平和跨水平测量两种。其中单水平间接测量是让员工对组织价值观的期望值和实际值进行评价后进行整合分析的方法。比如龙立荣和赵慧娟（2009）在研究中就曾采用员工期待价值观和组织实际价值观的减差作为员工—价值观匹配程度，减差为正说明组织价值观重视程度低于员工所期望的程度，减差为负表明组织实际价值观表现超出员工期待程度，检查绝对值越小说明员工和组织价值观匹配程度越好。魏钧和张德（2006）在对中国传统文化影响下的个人和组织价值观契合度研究中则采用了个人期望的价值观和组织实际价值观的绝对值差和作为价值观契合度的测量指标。跨水平间接测量是分别从个人和组织两个层面上对价值观进行测量，进而通过测算得到价值观契合程度。奥利尔（O'Reilly）等（1991）在测量中将组织价值观分为尊重员工、关注细节以及进取性等七个维度来进行测算，并采用 Q 分类法对项目进行排序分类，选用相关系数作为测量价值观契合的程度指标。

直接测量法则是通过直接测试员工对自身和组织价值观的一致性程度来进行度量，方法简单容易操作，受到许多学者的欢迎。凯伯和德鲁（DeRue）（2002）就曾认为，直接测量员工对价值观的知觉匹配程度更加容易接受，因为这种知觉同员工的态度和行为联系更加密切。他们曾开发出包括三个题项的测量量表，来测量员工同组织价值观的一致性契合程度，具有较好的信度和效度。之后，我国学者王震和孙健敏（2010）、赵慧娟（2015）在对价值观匹配的研究中也曾引入中国情境进行了测量，具有较好的效果。雷西克（Resick）等（2007）在研究中开发出了单因子五题项的个人—组织价值观契合测量量表,从员工与价值观一致、相似的角度来测量,数据检验具有较好的信度和效度。该量表也曾被赵慧娟和龙立荣(2008,2010)、刘祯(2010)等研究进行检验,具有较好的效果。

综合上述多位学者对价值观契合量表的研究,本文结合价值观契合的概念界定,将借鉴雷西克等(2007)、赵慧娟和龙立荣(2008,2010)以及刘祯(2010)等研究中有关价值观契合的量表题项内容,采用直接测量的方式对员工和组织价值观一致性契合程度进行测量。题项包括:

(1) 我的价值观和组织及同事的价值观相一致;
(2) 组织的价值观和个性能够反映出我的价值观和个性;
(3) 组织的价值观和我的价值观相似;
(4) 我的价值观能够吻合同事的价值观;
(5) 我的个性吻合组织的个性或者形象。

经过探索性因子分析,五个题项能够析出一个共同因子,可以达到测量价值观契合变量的要求,具体测度量表如表 4.4 所示。

表 4.4 价值观契合量表

请根据您实际情况进行 5 级评价	完全不符合			完全符合	
Q31. 我的价值观和组织及同事的价值观相一致	1	2	3	4	5
Q32. 组织的价值观和个性能够反映出我的价值观和个性	1	2	3	4	5
Q33. 组织的价值观和我的价值观相似	1	2	3	4	5
Q34. 我的价值观能够吻合同事的价值观	1	2	3	4	5
Q35. 我的个性吻合组织的个性或者形象	1	2	3	4	5

4.3.4 心理授权

心理授权是员工对工作情景的认知评价而形成的内在增强动机,是个体对授权心理体验综合体。目前,许多学者对心理授权的测度进行了研究。斯普雷策(1995)基于托马斯和Velthous提出的心理授权概念和维度划分,开发出了12个题项的测量量表,从工作意义、自我效能感、工作自主性和影响力等方面来对心理授权进行测度,通过信度和效度检验量表具有较好的效果。梅农(1999)对心理授权提出了新的概念,从目标内化、控制感和胜任感三个方面开发出了9个题项的测量量表,通过采用样本数据检验,结果显示具有较好的信度和效度。Kirkman和Rosen(1997)在对团队心理授权研究中也从多个维度开发出了26个题项的测度量表,之后经过后续研究的检验,Kirkman等(2004)精简到12个题项,之后也曾被多位学者引用,信度和效度都达到了研究的要求。雷巧玲等(2006)在对心理授权的研究中,将心理授权看作是员工通过对组织环境的感知而形成的内在激励,包括内在状态和比较状态两个方面,内在状态指员工对自身工作价值和能力的认知,比较状态表示员工对工作自主性和影响力的认知。他们借鉴了斯普雷策(1995)等学者的研究量表,从两个维度设计了心理授权的12题项量表,信度和效度均达到了研究要求。李超平等(2006)在对心理授权测量研究中借鉴了斯普雷策(1995)提出的12题项量表,经过翻译、研讨、回译和修正等规范的量表开发程序,采用探索性因子分析和验证性因子分析对引入量表进行了检验,结果显示具有较好的信度和效度。

表 4.5 心理授权量表

请根据您实际情况进行5级评价	完全不符合			完全符合	
Q41. 我的工作非常重要	1	2	3	4	5
Q42. 我具有工作所需的技能	1	2	3	4	5
Q43. 我有信息做好本职工作	1	2	3	4	5
Q44. 我自信拥有做好工作的能力	1	2	3	4	5
Q45. 我有高度的工作自主权	1	2	3	4	5

续表

请根据您实际情况进行5级评价	完全不符合			完全符合	
Q46. 我可以根据自己的意愿决策工作方式	1	2	3	4	5
Q47. 我可以独立地选择工作方法	1	2	3	4	5
Q48. 对于部门来说我影响很大	1	2	3	4	5
Q49. 我对于部门发生的事情有较大控制能力	1	2	3	4	5
Q40. 我对于部门发生的事情具有较大影响力	1	2	3	4	5

综合上述多位学者对心理授权量表的研究，结合本文提出的心理授权的概念，我们借鉴斯普雷策（1995）和李超平等（2006）的量表研究成果，形成12题项的初始量表。经过探索性因子分析，结果显示10个题项析出3个共同因子，分别对应于自我效能感、工作自主性和工作影响力三个方面。另外两个题项因子载荷较低，予以删除。最终形成了10个题项的心理授权测量量表（如表4.5所示）。其中自我效能感四个题项、工作自主性3个题项。工作影响力3个题项。具体内容如下：

（1）我的工作非常重要；

（2）我具有工作所需的技能；

（3）我有信息做好本职工作；

（4）我自信拥有做好工作的能力；

（5）我有高度的工作自主权；

（6）我可以根据自己的意愿决策工作方式；

（7）我可以独立地选择工作方法；

（8）对于部门来说我影响很大；

（9）我对于部门发生的事情有较大控制能力；

（10）我低于部门发生的事情具有较大影响力。

4.3.5 创新行为

知识型员工创新行为是他们运用知识通过脑力劳动在工作中寻找机会、产生创意以及努力付诸实践的行为活动。包括寻找创意机会、产生创意、创意促进和创意执行过程中的各种行为表现。目前，学者们对员工创新行为测度量表进行了大量的研究。斯科特和布鲁斯（1994）在研究中首先开发了一个6题项的创新行为测度量表，主要从创新问题确立、创新构想产生、寻求创新支持以及创新计划落实等层面上来对创新行为进行测量。蒂尔尼等（1999）在研究中更加关注员工创意产生方面的测量，开发出9个题项的员工创新行为量表。杰森（2000）在斯科特和布鲁斯（1994）员工创新行为量表基础上，借鉴了马斯洛（1988）提出的三阶段创新行为理论观点，从创意产生、创意促进和创意实现等三个维度开发了9题项员工创新行为量表。但是在之后的实证检验时，多个维度相关性较大，最后只能视为一个维度，信度和效度可达到要求。克莱森和斯特里特（2001）在对创新行为的研究中认为单一维度量表并不能充分测度个体创新行为的所有内容。他们通过对9个不同组织225名员工的系统深入调查，提炼出289条同员工创新行为紧密相关的描述语句，提取出寻找机会、产生构想、评估构想、支持以及应用等创新行为人五维度量表。"詹森和范·伊佩伦（2004）在前人研究的基础上，开发出员工创新行为的8题项量表。韩翼等（2007）在对员工工作创新绩效的研究中借鉴了詹森和范·伊佩伦（Van Yperen）（2004）的员工创新行为量表，从三个不同的维度设计了8个题项，通过数据检验具有较好的信度和效度。台湾学者黄致凯（2004）将克莱森和斯特里特（2001）开发的员工创新行为量表引入中国情境，构建出两个维度的测度量表。周和乔治（2001）在对员工工作场所中的创新行为研究中，开发出了23个题项测量问卷，之后，经过Ishak（2005）的修正缩减到13个题项。刘云（2010）在对员工创新行为研究中，借鉴了斯科特和布鲁斯（1994）以及吴静吉等学者的量表研究，形成了单维度的5题项量表，经过大样本数据检验具有较高的信度和效度。

综合上述多位学者的量表研究，本文将借鉴斯科特和布鲁斯（1994）、刘云（2010）对员工创新行为的量表设计，从寻找创意、创意产生、寻求支持以及计划落实等方面来对知识型员工创新行为进行度量，形成5个测量题项，经过探索性因子分析，能够析出一个共同因子，主要题项如下：

（1）我经常在工作中产生一些有创意的点子或想法；

（2）为了获取支持我会想同事推销我的创意；

（3）为了实现我的创意我会争取所需资源；

（4）我会制定适当的计划来推进创意的实施；

（5）为了实现同事的创新性构想我会经常献计献策。

本研究使用的知识型员工创新行为量表如表4.6所示。

表4.6 知识型员工创新行为量表

请根据您实际情况进行5级评价	完全不符合			完全符合	
Q51. 我经常在工作中产生一些有创意的点子或想法	1	2	3	4	5
Q52. 为了获取支持我会想同事推销我的创意	1	2	3	4	5
Q53. 为了实现我的创意我会争取所需资源	1	2	3	4	5
Q54. 我会制定适当的计划来推进创意的实施	1	2	3	4	5
Q55. 为了实现同事的创新性构想我会经常献计献策	1	2	3	4	5

4.3.6 控制变量

通常情况下，知识型员工创新行为、价值观契合以及心理授权等变量还受到一些控制变量的影响，比如工作年限、企业性质、岗位性质以及企业规模等。在本研究中,我们还将选取这些因素作为控制变量,以期排除这些控制因素对知识型员工创新行为等变量的影响(详细设计见附录)。

知识型员工的工作年限对其创新行为具有重要影响。工作年限少的知识型员工专业知识较薄弱,敢于承担风险,创新激情比较高昂,可能会从事比较简单的渐进性创新活动。工作年限多的知识型员工,与组织价值取向可能更能有效匹配,工作自我效能、自主性以及影响力都会稍大,则可能提出更多突破性的创新思想。因此,本文将工作年限作为影响创新行为、价值观契合和心理授权的控制变量。在问卷中,本研究采用在企业工作年数来进行测量。分为:1—2年、3—5年、6—10年以及10年以上几个选项。

企业性质对知识型员工的心理状态和创新行为也具有较大的影响。不同性质的企业工作环境、工作氛围以及组织授权等均有较大的差异,为了排除这些因素的影响,本研究按照国有及控股企业、民营企业、合资企业以及外商独资企业的分类对企业进行了划分,通过设置虚拟变量来测度该影响因素对本研究中主要变量的作用。

知识型员工在企业中有不同的岗位工作,其岗位性质也对其心理状态和创新行为有重要的影响。为了排除岗位性质对本研究主要变量的影响,我们对企业岗位进行了划分,包括技术岗位、管理岗位和工勤岗位三类,并通过虚拟变量的设置来测量其控制影响。

企业规模不同,知识型员工在创新战略导向和组织氛围下的心理状态和创新行为表现也会产生差异。故此,本研究按照员工人数对企业规模进行了划分,包括10—50人、50—100人、100—150人、150—200人、200—500人、500人以上。以此来控制企业规模对各变量的影响。

4.4 信度和效度检验

在选取主要变量测度量表后,为了能够有效检验所提出的假设关系模型,需要对采用的量表进行信度和效度检验。信度是表示量表用于数据收集信息的一致性或稳定性程度,表示对于同样的调查对象,如果运用同样的测度方法得出一致性调查结果的可能性程度,可以用同潜在变量实际分数的方差比例来进行衡量(Devellis,2004)。量表信度的常用指标包括稳定性、等值性和内部一致性三种,通常采用内部一致性系数 Cronbach's α 系数来进行估计。按照纳诺利(Nunnally,1978)早期提出的信度标准,Cronbach's α 系数大于0.7,量表属于高信度,Cronbach's α 系数最低可以接受程度为0.5,低于0.35 属于低信度量表,题项小于6个时需要大于0.6。效度是潜在变量是否是多个题项共变的潜在原因(Devellis,2004),表示题项测量潜在变量的正确程度。在量表中,特定潜在变量能否通过多个题项进行充分反映,多个题项是否有效地对潜在变量进行测量就是我们说的效度问题。

本研究样本调查数量为671,远大于题项数的5倍,可以看出满足接下来本文的数据分析需要。本研究采用SPSS17.0统计软件对收集的样本数据进行了巴特利特球度检验和KMO检验,结果如表4.7所示。可以看出,KMO值为0.912,达到0.9的标准要求,巴特利特球度检验卡方统计值是6419.221,自由度df值为465,相应概率P(Sig)值为0.000,适合进行因子分析的要求。

表4.7 巴特利特球度检验和 KMO 检验结果

取样足够度的 Kaiser – Meyer – Olkin 度量		0.912
Bartlett 的球形度检验	近似卡方	6419.221
	df	465
	Sig.	0.000

为了进行探索性因子分析，本研究使用 SPSS17.0 软件选择方差最大化正交旋转法对样本数据进行主成分分析。分析结果见表 4.8。结果显示，31 个题项共析出 7 个因子，累积方差贡献率为 55.23%，达到吴明隆（2010）在《问卷统计分析实务：SPSS 操作与应用》中所提 50% 的要求。单一因子方差贡献率小于 40%，可以排除同源偏差情况（Podsakoff 和 Organ，1986）；7 个因子所属题项同量表设计时相吻合，各因子载荷均大于 0.6，在其他共同因子上的载荷均小于 0.4，这就说明，各因子题项能够较好地收敛于共同因子。同时还可以区别其他共同因子的题项，表示量表聚合效果较好，具有较好的收敛和区别效度。

表 4.8 探索性因子分析结果

研究变量	题项	1	2	3	4	5	6	7	累计解释方差	Cronbach's α
创新导向	Q11	0.762							9.43%	0.765
	Q12	0.615								
	Q13	0.707								
	Q14	0.613								
	Q15	0.608								
组织氛围	Q21		0.639						18.80%	0.766
	Q22		0.630							
	Q23		0.615							
	Q24		0.644							
	Q25		0.621							
	Q26		0.637							
价值观契合	Q31			0.699					27.06%	0.798
	Q32			0.716						
	Q33			0.681						
	Q34			0.652						
	Q35			0.624						

续表

研究变量	题项	成份 1	2	3	4	5	6	7	累计解释方差	Cronbach's α
自我效能感	Q41				0.647				35.31%	0.680
	Q42				0.717					
	Q43				0.631					
	Q44				0.619					
工作自主性	Q45					0.627			42.38%	0.689
	Q46					0.721				
	Q47					0.738				
工作影响力	Q48						0.749		49.32%	0.785
	Q49						0.741			
	Q40						0.766			
创新行为	Q51							0.619	55.23%	0.756
	Q52							0.640		
	Q53							0.675		
	Q54							0.641		
	Q55							0.621		

对量表整体及各析出因子的内部一致性信度进行检验，检验结果显示，量表整体一致性系数 Cronbach's α 值为 0.904，创新导向量表的 Cronbach's α 值为 0.765，组织氛围量表的 Cronbach's α 值为 0.766，价值观契合量表的 Cronbach's α 值为 0.798，自我效能感量表的 Cronbach's α 值为 0.680，工作自主性量表的 Cronbach's α 值为 0.689，工作影响力量表的 Cronbach's α 值为 0.785，自我效能感、工作自主性、工作影响力三个维度构成的心理授权变量量表的 Cronbach's α 值为 0.775，创新行为量表的 Cronbach's α 值为 0.756。可以看出，整体量表的 Cronbach's α 值大于 0.8，主要研究变量量表均大于 0.7，心理授权三个维度变量量表大于 0.6，符合信度要求，研究所用量表信度较好。

<<< 第4章 研究方法设计

为了进一步检验研究变量量表的效度，本研究依据探索性因子分析的题项从属结构，借助 AMOS17.0 软件构建了各研究变量的测量模型（如图4.1 所示），利用样本数据进行了验证性因子分析。从模型拟合结果来看（见表4.9），测量模型的绝对拟合参数卡方值 CMIN 为 725.697，自由度 DF 参数值为 413，绝对拟合指数 P 显著性为 0.000，卡方与自由度的比值 CMIN/DF 为 1.757，接近于 2；拟合优度指数 GFI 参数值为 0.935，比较拟合指数 CFI 参数值为 0.948，调整后拟合优度指数 AGFI 参数值为 0.922，均大于 0.9；残差均方根 RMR 参数值为 0.022，近似误差均方根 RMSEA 参数值为 0.034，均小于 0.05。可以看出，测量模型与样本数据拟合情况较好。从各潜在变量对应题项的标准化因子载荷来看（见表4.10），大多数均大于 0.5，只有组织氛围测量题项 Q21 因子载荷为 0.428，大于 0.4，也在接受范围内，说明本研究量表具有较好的收敛效度。

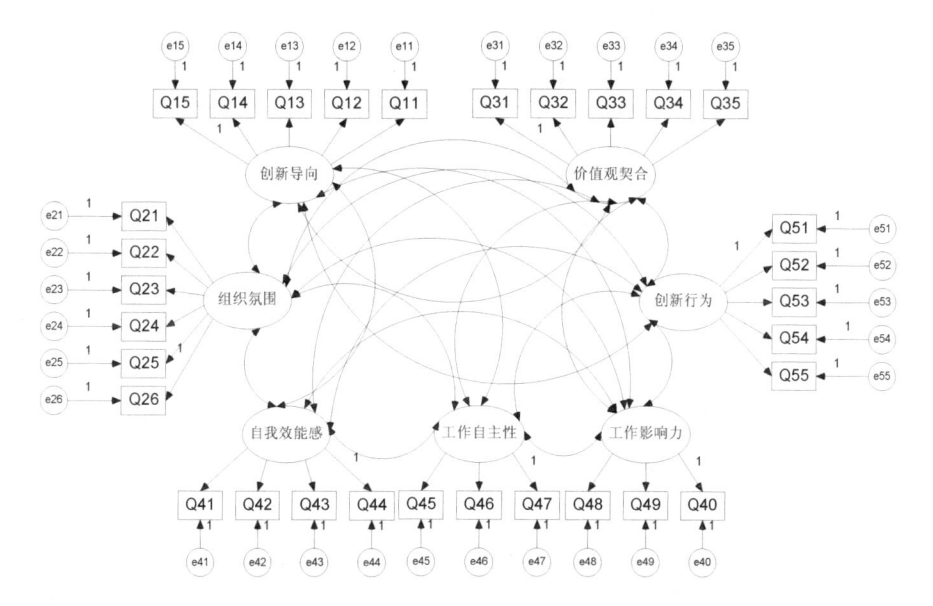

图 4.1　验证性因子分析模型图

表 4.9　测量模型拟合结果

测量模型拟合指标	指标值	拟合情况
卡方值 CMIN	725.697	
自由度 DF	413	
绝对拟合指数 P	0.000	
CMIN/DF	1.757	接近 2，可接受
拟合优度指数 GFI	0.935	大于 0.9，拟合很好
比较拟合指数 CFI	0.948	大于 0.9，拟合很好
调整后拟合优度指数 AGFI	0.922	大于 0.9，拟合很好
残差均方根 RMR	0.022	小于 0.05，拟合很好
近似误差均方根 RMSEA	0.034	小于 0.05，拟合很好

表 4.10　验证性因子分析结果

潜变量	题项	标准化载荷	S.E.	C.R.	P
创新导向	Q11	0.686			
	Q12	0.655	0.068	14.011	***
	Q13	0.506	0.068	11.227	***
	Q14	0.671	0.070	14.273	***
	Q15	0.629	0.065	13.571	***
组织氛围	Q21	0.428			
	Q22	0.646	0.125	9.521	***
	Q23	0.601	0.11	9.247	***
	Q24	0.646	0.129	9.517	***
	Q25	0.651	0.137	9.548	***
	Q26	0.636	0.127	9.463	***

续表

潜变量	题项	标准化载荷	S.E.	C.R.	P
价值观契合	Q31	0.670			
	Q32	0.705	0.074	15.099	***
	Q33	0.723	0.073	15.393	***
	Q34	0.613	0.069	13.478	***
	Q35	0.612	0.069	13.451	***
自我效能感	Q41	0.642			
	Q42	0.685	0.09	12.506	***
	Q43	0.511	0.071	10.299	***
	Q44	0.516	0.069	10.382	***
工作自主性	Q45	0.633			
	Q46	0.657	0.093	12.267	***
	Q47	0.669	0.093	12.386	***
工作影响力	Q48	0.690			
	Q49	0.711	0.071	15.457	***
	Q40	0.824	0.078	16.656	***
创新行为	Q51	0.589			
	Q52	0.617	0.088	12.085	***
	Q53	0.571	0.081	11.442	***
	Q54	0.661	0.086	12.644	***
	Q55	0.653	0.091	12.550	***

注：*表示 $P<0.05$，**表示 $P<0.01$，***表示 $P<0.001$。

通过上述对研究量表信度和效度的检验，可以看出，本研究通过综合现有研究较为成熟的量表，经过专家研讨、问卷预测、探索性因子分析和验证性因子分析检验等规范流程，各项结果显示本研究所采用量表具有较好的信度和效度，采用这一量表进行问卷调查所收集的数据能够反映本研究主要变量的真实情况,具有较好的可靠性和有效性,可以利用这些数据进行后续的定量分析。

4.5 数据分析方法

为了检验创新导向、组织氛围对知识型员工创新行为的影响作用关系,本研究将采用分层线性回归分析的方法对所提出的假设关系进行检验。同时还将借鉴巴伦(Baron)和肯尼(Kenny)(1986),以及温忠麟等(2004)推荐的中介效应检验程序对研究中的中介效应进行检验。

4.5.1 多元线性回归分析

回归分析是经济管理领域广泛应用的一种统计分析方法,主要是根据研究变量的相关观测数据,通过建立两个或多个变量间的数学函数关系来处理研究变量间的定量关系。根据回归方法不同,可以分为线性回归和曲线拟合两种不同的分析方式,而多元线性回归则是线性回归分析的一种,是用来处理两个及两个以上数量的自变量同因变量之间定量关系的回归分析方法。其数学表达方式如下:

$$Y = \beta_0 + \beta_1 X_1 + \beta_2 X_2 + \cdots + \beta_n X_n + \varepsilon$$

其中,Y 为因变量,X 为自变量,β_n 为数学参数,ε 为随机误差项。

在多元线性回归分析中,自变量是可以由研究者加以控制,对因变量产生影响的因素。而因变量是随机变量,可以因自变量的变化而变动的因素。通过多元回归分析可以通过确定数学回归模型来确定因变量和自变量之间的定量关系,通过回归模型求解来对影响因变量的自变量因素进行显著性分析、重要性分析,从而可以实现影响因素分析。本研究也将借用多元线性回归分析的方法,探寻创新导向、组织氛围、价值观契合、心理授权和创新行为各变量之间的定量关系,找出创新导向、组织氛围对创新行为影响的显著性路径。

4.5.2 中介效应检验

中介效应是指自变量（X）和因变量（Y）之间的作用关系不是直接的因果影响关系，而是自变量通过一个或多个变量（M）的间接影响而产生对因变量的作用。此时我们认为这种间接影响为中介效应，对应的变量为中介变量。温忠麟等（2004）对中介效应检验程序及其应用进行了深入研究，并对中介变量进行了界定。他们认为，在考虑自变量 X 与因变量 Y 的影响关系时，如果自变量 X 通过影响变量 M 对因变量 Y 产生影响，那么就认为 M 是 X 与 Y 之间的中介变量。变量间的定量关系可以用回归方程来进行描述，其相应路径关系图可见图 4.2。①

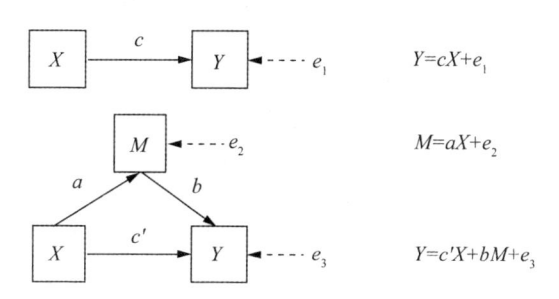

图 4.2　中介效应原理图

温忠麟等（2004）在研究中提出了一个检验中介效应的实用程度，本研究也将借鉴这一程序实现对中介效应的检验。具体程序如下：

（1）通过线性回归分析，检验自变量 X 与因变量 Y 之间的回归系数 c，回归系数显著，则继续下一步，如果不显著则可以停止分析，证明自变量 X 对因变量 Y 不存在影响关系。

（2）采用回归分析做巴和肯尼（1986）提出的部分中介效应检验，以此对自变量 X 对中介变量 M 之间的回归系数 a、中介变量 M 对因变量 Y 之

---

① 中介效应原理图源于温忠麟等（2004）论文研究：温忠麟，张雷，侯杰泰，刘红云. 中介效应检验程序及其应用［J］. 心理学报，2004，36（5）：614 – 620.

间的回归系数 b 进行检验。如果 a、b 都显著，就表示自变量 X 与因变量 Y 之间存在中介效应。假如 a、b 至少有一个回归系数不显著，则可以进行第（4）步检验。

（3）采用回归分析做裘德（Judd）和肯尼（1981）提出的完全中介效应检验中的后部分检验。在中介变量 M 存在的情况下，对自变量 X 与因变量 Y 之间的回归系数 c' 进行检验，如果回归系数 c' 不显著，说明中介变量 M 起到完全中介作用。如果回归系数 c' 显著，说明中介变量 M 起到部分中介作用。

（4）对于第（2）步存在不显著的回归系数情况下，可以做索贝尔（Sobel，1982）提出的检验方法。如果显著，则可以认为中介变量的中介效应是显著的，否则则认为中介变量的中介效应是不显著的。

4.6　本章小结

在上一章提出创新导向、组织氛围对知识型员工创新行为影响作用关系假设模型的基础上，为了对假设关系模型进行检验，本章从调查问卷设计、数据收集整理、样本基本情况说明、研究变量度量量表设计、量表信度和效度检验以及本研究所使用多元线性回归和中介效应检验方法选择等方面进行了系统规范的研究方法设计。通过这些内容的设计安排，为之后的数据处理分析提供了依据。

第 5 章

数据分析与结果讨论

上一章对本研究所使用的方法进行了设计，本章将结合前文提出的影响作用关系假设模型，采用样本数据通过描述性统计分析、相关分析和多元线性回归分析等定量分析进行数据分析和模型检验。

5.1 描述性统计分析

在进行假设检验之前，首先需要对样本数据的描述性统计特征和变量间相关性进行简单的分析，为后期多元线性回归分析奠定基础。描述性统计分析是通过对样本数据进行简单的整理、归类和分析，以此来对各主要研究变量及其相互关系进行描述和归纳的一种基本统计方法。本文主要从研究变量的均值、标准差、偏度、峰度以及 Pearson 相关系数等方面来对其集中趋势、离散程度、分布形态以及相关性进行简单分析（薛薇，2008）。计算结果如表 5.1 所示。可以看出，主要研究变量均值和标准差均处于合理范围之内，样本数据的离散程度不大。各变量偏度绝对值均小于 3，峰度绝对值均小于 10，按照克莱恩（Kline，1998）所建议的标准，可以认为样本数据符合后期数据处理要求。

表 5.1 描述性统计分析结果

	1	2	3	4	5	6	7	工作年限	国有企业	民营企业	合资企业	技术岗位	管理岗位	企业规模
创新导向	1													
组织氛围	.322**	1												
价值契合	.418**	.471**	1											
自我效能	.459**	.351**	.344**	1										
工作自主	.209**	.421**	.384**	.241**	1									
工作影响	.284**	.353**	.417**	.251**	.486**	1								
创新行为	.445**	.452**	.470**	.431**	.395**	.444**	1							
工作年限	.120*	.094*	.066	.076*	.077*	.134**	.101**	1						
国有企业	−.013	.012	.034	.052	−.061	−.098*	.022	.204**	1					
民营企业	.038	−.005	−.032	−.104*	−.006	.008	−.019	−.211**	−.472**	1				
合资企业	.060	−.003	−.044	.036	.039	.028	.042	.099*	−.208**	−.425**	1			
技术岗位	.061	.013	.076*	.034	.024	−.048	.025	.093*	.080*	−.077*	.067	1		
管理岗位	−.044	−.043	−.026	−.036	.002	.034	−.093*	−.118**	−.151**	.074	−.031	−.546**	1	
企业规模	.055	.053	.033	.103*	−.024	−.044	.059	.275**	.216**	−.405**	.149**	.146**	−.077*	1
均值	4.167	3.965	3.834	4.328	3.903	3.846	4.038	2.568	0.188	0.490	0.158	0.341	0.365	4.180
标准差	0.533	0.545	0.623	0.505	0.630	0.724	0.522	0.945	0.391	0.500	0.365	0.474	0.482	1.699
偏度	−0.573	−0.826	−0.825	−0.645	−0.754	−0.751	−0.680	−0.052	1.603	0.039	1.880	0.671	0.562	−0.522
峰度	0.069	1.389	1.323	0.460	0.887	0.734	0.469	−0.904	0.570	−2.004	1.538	−1.554	−1.690	−1.047

注：* 表示 $P<0.05$，** 表示 $P<0.01$，*** 表示 $P<0.001$。

从 Pearson 相关系数分析结果来看，创新导向、组织氛围同创新行为之间具有显著的相关性。初步表明创新导向、组织氛围对知识型员工创新行为具有显著影响。创新导向、组织氛围同价值观契合以及心理授权的三个维度变量间也具有显著的相关性，也初步表明，创新导向、组织氛围对价值观契合、心理授权具有显著影响；价值观契合、心理授权维度变量同创新行为间也具有显著的相关性，也初步表明，价值观契合、心理授权对知识型员工创新行为具有显著影响。各变量间相关系数均小于 0.5，表明各变量间不具有高度相关性，可以看出变量测度效果符合要求。

5.2 多元线性回归分析

通过对研究变量均值、标准差、偏度、峰度以及 Pearson 相关系数等方面的描述性统计分析，可以看出，研究变量均值和标准差处于合理范围之内，数据的离散程度也不大，各变量偏度和峰度都符合克莱恩（Kline）（1998）所建议的标准。本研究认为该样本数据可以用于对所提影响作用关系假设模型的定量检验，符合多元线性回归分析要求。以下将采用多元线性回归分析方法对前文提出的假设关系进行数据检验。

5.2.1 创新导向、组织氛围对创新行为的影响关系检验

本研究在创新导向、组织氛围对知识型员工创新行为影响作用关系方面包括两个假设：H_1 创新导向对知识型员工创新行为具有积极的影响作用、H_2 组织氛围对知识型员工创新行为具有积极的影响作用。为了对 H_1、H_2 进行假设检验，本研究构建了两个回归关系模型：M_1、M_2。其中，M_1 是为了检验工作年限、企业性质、岗位性质和企业规模等控制变量对知识型员工创新行为的影响作用关系，M_2 是为了检验各控制变量、创新导向和组织氛围对知识型员工创新行为的影响作用关系。多元线性回归分析结果如表 5.2 所示。

表 5.2 创新导向、组织氛围对创新行为影响关系的回归分析结果

变量	创新行为					
	M_1			M_2		
	Beta	Sig.	VIF	Beta	Sig.	VIF
自变量						
创新导向				0.331***	0.000	1.147
组织氛围				0.340***	0.000	1.124
控制变量						
工作年限	0.083*	0.041	1.127	0.016	0.638	1.143
国有企业	0.019	0.717	1.817	0.008	0.860	1.820
民营企业	0.052	0.365	2.233	-0.007	0.880	2.260
合资企业	0.053	0.289	1.679	0.018	0.661	1.695
技术岗位	-0.047	0.311	1.450	-0.053	0.178	1.453
管理岗位	-0.104*	0.025	1.459	-0.087*	0.026	1.461
企业规模	0.044	0.312	1.272	0.012	0.744	1.275
模型指标						
F 值	2.049	0.047		33.223***	0.000	
F 变化	2.049	0.047		139.339***	0.000	
R^2	0.021			0.311		
调整 R^2	0.011			0.302		
Durbin-Watson	1.689					

注：*表示 $P<0.05$，**表示 $P<0.01$，***表示 $P<0.001$。

从 M_1 的分析结果可以看出，工作年限对知识型员工创新行为具有显著正向影响，管理岗位对知识型员工创新行为具有显著负向影响。国有企业、民营企业、合资企业、技术岗位和企业规模对知识型员工创新行为的回归系数不显著，不存在显著影响作用。M_2 是在 M_1 基础上将创新导向、组织氛围两个自变量加入，用来检验创新导向和组织氛围对知识型员工创

新行为的影响作用。从回归结果可以看出，创新导向对知识型员工创新行为的回归系数为 $\beta_1 = 0.331$（$p < 0.001$），回归系数显著，即假设 H_1：创新导向对知识型员工创新行为具有积极的影响作用获得数据的支持，得到验证；组织氛围对知识型员工创新行为的回归系数为 $\beta_2 = 0.340$（$p < 0.001$），回归系数显著，即假设 H_2：组织氛围对知识型员工创新行为具有积极的影响作用获得数据的支持，得到验证。

从上述回归分析结果可以看出，创新导向、组织氛围对知识型员工创新行为均具有积极的影响，假设 H_1、H_2 都得到检验。同时，两种外部环境层面的变量对知识型员工创新行为的影响作用差异不大，均处于0.30—0.35之间，组织氛围对知识型员工创新行为的影响略高于创新导向对知识型员工创新行为的影响。从模型的方差膨胀因子（Variance Inflation Factor，即VIF）的数值来看，两个模型的VIF值均小于3，依照海尔（Hair）等（1998）所提出的检验标准，可以判定数据并不存在显著的多重共线性问题。从残差的自相关检验结果来看，Durbin-Watson值为1.689，接近于2，表明残差间互相独立，符合模型要求。

5.2.2 创新导向、组织氛围对价值观契合的影响关系检验

本研究在创新导向、组织氛围对知识型员工价值观契合影响关系方面包括两个假设：H_3 创新导向对知识型员工价值观契合具有积极的影响作用、H_4 组织氛围对知识型员工价值观契合具有积极的影响作用。为了对 H_3、H_4 进行假设检验，本研究构建了两个回归关系模型：M_3、M_4。其中，M_3 是为了检验工作年限、企业性质、岗位性质和企业规模等控制变量对知识型员工价值观契合的影响作用关系，M_4 是为了检验各控制变量、创新导向和组织氛围对知识型员工价值观契合的影响作用关系。多元线性回归分析结果如表5.3所示。

表5.3 创新导向、组织氛围对价值观契合影响关系的回归分析结果

变量	价值观契合					
	M_3			M_4		
	Beta	Sig.	VIF	Beta	Sig.	VIF
自变量						
创新导向				0.297***	0.000	1.147
组织氛围				0.379***	0.000	1.124
控制变量						
工作年限	0.053	0.196	1.127	-0.014	0.695	1.143
国有企业	0.047	0.371	1.817	0.038	0.390	1.820
民营企业	0.030	0.606	2.233	-0.025	0.608	2.260
合资企业	0.056	0.266	1.679	0.026	0.542	1.695
技术岗位	0.083	0.073	1.450	0.080	0.040	1.453
管理岗位	0.032	0.487	1.459	0.051	0.189	1.461
企业规模	0.002	0.958	1.272	-0.029	0.422	1.275
模型指标						
F值	1.165	0.321		32.851***	0.000	
F变化	1.165	0.321		142.015***	0.000	
R^2	0.012			0.309		
调整 R^2	0.002			0.300		
Durbin-Watson	2.015					

注：*表示 P<0.05，**表示 P<0.01，***表示 P<0.001。

从 M_3 的分析结果可以看出，工作年限、国有企业、民营企业、合资企业、技术岗位、管理岗位和企业规模对知识型员工价值观契合的回归系数均不显著，不存在显著影响作用。M_4 是在 M_3 基础上将创新导向、组织氛围两个自变量加入，用来检验创新导向和组织氛围对知识型员工价值观契合的影响作用。从表5.3回归结果可以看出，创新导向对知识型员工价

值观契合的回归系数为 $β_3 = 0.297$（$p<0.001$），回归系数显著，即假设 H_3：创新导向对知识型员工价值观契合具有积极的影响作用获得数据的支持，得到验证；组织氛围对知识型员工价值观契合的回归系数为 $β_4 = 0.379$（$p<0.001$），回归系数显著，即假设 H_4：组织氛围对知识型员工价值观契合具有积极的影响作用获得数据的支持，得到验证。

从上述回归分析结果可以看出，创新导向、组织氛围对知识型员工价值观契合均具有积极的影响。假设 H_3、H_4 都得到检验。同时，组织氛围对知识型员工价值观契合的影响（$β_4 = 0.379$）要高于创新导向对知识型员工价值观契合的影响（$β_3 = 0.297$）。从模型的方差膨胀因子（Variance Inflation Factor，即 VIF）的数值来看，两个模型的 VIF 值均小于3，依照 Hair 等（1998）所提出的检验标准，可以判定数据并不存在显著的多重共线性问题。从残差的自相关检验结果来看，Durbin-Watson 值为 2.015，接近于2，表明残差间互相独立，符合模型要求。

5.2.3 创新导向、组织氛围对心理授权的影响关系检验

本研究在创新导向、组织氛围对知识型员工心理授权影响关系方面包括两个假设：H_5 创新导向对知识型员工心理授权具有积极的影响作用、H_6 组织氛围对知识型员工心理授权具有积极的影响作用。为了对 H_5、H_6 进行假设检验，本研究构建了两个回归关系模型：M_5、M_6。其中，M_5 是为了检验工作年限、企业性质、岗位性质和企业规模等控制变量对知识型员工心理授权的影响作用关系，M_6 是为了检验各控制变量、创新导向和组织氛围对知识型员工心理授权的影响作用关系。多元线性回归分析结果如表 5.4 所示。

表5.4 创新导向、组织氛围对心理授权影响关系的回归分析结果

变量	心理授权					
	M_5			M_6		
	Beta	Sig.	VIF	Beta	Sig.	VIF
自变量						
创新导向				0.278***	0.000	1.147
组织氛围				0.407***	0.000	1.124
控制变量						
工作年限	0.154***	0.000	1.127	0.087	0.010	1.143
国有企业	-0.128*	0.013	1.817	-0.136	0.002	1.820
民营企业	-0.088	0.124	2.233	-0.140	0.003	2.260
合资企业	-0.028	0.579	1.679	-0.055	0.182	1.695
技术岗位	-0.001	0.981	1.450	-0.003	0.936	1.453
管理岗位	0.006	0.895	1.459	0.026	0.494	1.461
企业规模	-0.042	0.336	1.272	-0.073	0.041	1.275
模型指标						
F值	2.848	0.006		37.378***	0.000	
F变化	2.848	0.006		153.645***	0.000	
R^2	0.029			0.337		
调整R^2	0.019			0.328		
Durbin-Watson	1.847					

注：*表示P<0.05，**表示P<0.01，***表示P<0.001。

从M_5的分析结果可以看出，工作年限和国有企业性质对知识型员工心理授权的回归系数显著，民营企业性质、合资企业性质、技术岗位性质、管理岗位性质和企业规模对知识型员工心理授权的回归系数均不显著，不存在显著影响作用。M_6是在M_5基础上将创新导向、组织氛围两个自变量加入，用来检验创新导向和组织氛围对知识型员工心理授权的影响

作用。从表 5.4 回归结果可以看出，创新导向对知识型员工心理授权的回归系数为 $\beta_5 = 0.278$（$p < 0.001$），回归系数显著，即假设 H_5：创新导向对知识型员工心理授权具有积极的影响作用获得数据的支持，得到验证；组织氛围对知识型员工心理授权的回归系数为 $\beta_6 = 0.407$（$p < 0.001$），回归系数显著，即假设 H6：组织氛围对知识型员工心理授权具有积极的影响作用获得数据的支持，得到验证。

从回归分析结果可以看出，创新导向、组织氛围对知识型员工心理授权均具有积极的影响，假设 H_5、H_6 都得到检验。同时，组织氛围对知识型员工心理授权的影响（$\beta_6 = 0.407$）要高于创新导向对知识型员工心理授权的影响（$\beta_5 = 0.278$）。从模型的方差膨胀因子（Variance Inflation Factor，VIF）的数值来看，两个模型的 VIF 值均小于 3，依照 Hair 等（1998）所提出的检验标准，可以判定数据并不存在显著的多重共线性问题。从残差的自相关检验结果来看，Durbin–Watson 值为 1.847，接近于 2，表明残差间互相独立，符合模型要求。

5.2.4 价值观契合、心理授权对创新行为的影响关系检验

知识型员工价值观契合、心理授权对其创新行为的影响关系部分主要包括两个假设：H_7 价值观契合对知识型员工创新行为具有积极的影响作用、H_8 心理授权对知识型员工创新行为具有积极的影响作用。为了对 H_7、H_8 进行假设检验，本研究在 M_1 的基础上，将价值观契合和心理授权两个自变量加入，用来检验价值观契合和心理授权对知识型员工创新行为的影响作用。从表 5.5 回归结果可以看出，价值观契合对知识型员工创新行为的回归系数为 $\beta_7 = 0.241$（$p < 0.001$），回归系数显著，即假设 H_7：价值观契合对知识型员工创新行为具有积极的影响作用获得数据的支持，得到验证；心理授权对知识型员工创新行为的回归系数为 $\beta_8 = 0.444$（$p < 0.001$），回归系数显著，即假设 H_8：心理授权对知识型员工创新行为具有积极的影响作用获得数据的支持，得到验证。

表5.5 价值观契合、心理授权对创新行为影响关系的回归分析结果

变量	创新行为 M_1 Beta	Sig.	VIF	创新行为 M_7 Beta	Sig.	VIF
自变量						
价值观契合				0.241***	0.000	1.383
心理授权				0.444***	0.000	1.407
控制变量						
工作年限	0.083*	0.041	1.127	0.002	0.944	1.152
国有企业	0.019	0.717	1.817	0.064	0.124	1.852
民营企业	0.052	0.365	2.233	0.084	0.068	2.249
合资企业	0.053	0.289	1.679	0.052	0.195	1.686
技术岗位	-0.047	0.311	1.450	-0.066	0.073	1.460
管理岗位	-0.104*	0.025	1.459	-0.115	0.002	1.460
企业规模	0.044	0.312	1.272	0.062	0.075	1.274
模型指标						
F值	2.049	0.047		44.607***	0.000	
F变化	2.049	0.047		189.485***	0.000	
R^2		0.021			0.378	
调整 R^2		0.011			0.369	
Durbin-Watson			1.828			

*表示 $P<0.05$，**表示 $P<0.01$，***表示 $P<0.001$。

从上述回归分析结果可以看出，价值观契合、心理授权对知识型员工创新行为均具有积极的影响，假设 H_7、H_8 都得到检验。同时，心理授权对知识型员工创新行为的影响（$\beta_8 = 0.444$）要高于价值观契合对知识型员工创新行为的影响（$\beta_7 = 0.241$）。从模型的方差膨胀因子（Variance Inflation Factor，即 VIF）的数值来看，两个模型的 VIF 值均小于 3，依照海尔等（1998）所提出的检验标准，可以判定数据并不存在显著的多重共线性问题。从残差的自相关检验结果来看，Durbin – Watson 值为 1.828，接近于 2，表明残差间互相独立，符合模型要求。

5.2.5 价值观契合、心理授权的中介影响关系检验

价值观契合、心理授权的中介影响关系假设主要包括四个假设：H_9 价值观契合在创新导向和知识型员工创新行为之间具有中介影响作用、H_{10} 价值观契合在组织氛围和知识型员工创新行为之间具有中介影响作用、H_{11} 心理授权在创新导向和知识型员工创新行为之间具有中介影响作用、H_{12} 心理授权在组织氛围和知识型员工创新行为之间具有中介影响作用。本研究将分为三个部分来对这四条假设进行检验。

（1）价值观契合中介影响关系检验

为了对价值观契合中介影响关系进行检验，本研究构建了 M_1、M_2 和 M_8。其中 M_1 是七个控制变量对知识型员工创新行为的影响模型，M_2 是在 M_1 的基础上加入了创新导向、组织氛围两个自变量，检验创新导向、组织氛围对知识型员工创新行为的影响模型，M_8 是 M_2 的基础上加入了中介变量价值观契合，检验价值观契合对知识型员工创新行为的影响，以及创新导向和组织氛围对知识型员工创新行为影响的变化。三个模型的回归分析结果见表 5.6 所示。

表5.6 价值观契合中介影响关系的回归分析结果

变量	创新行为								
	M_1			M_2			M_8		
	Beta	Sig.	VIF	Beta	Sig.	VIF	Beta	Sig.	VIF
自变量									
创新导向				0.331***	0.000	1.147	0.258***	0.000	1.274
组织氛围				0.340***	0.000	1.124	0.247***	0.000	1.332
中介变量									
价值观契合							0.246***	0.000	1.447
心理授权									
控制变量									
工作年限	0.083	0.041	1.127	0.016	0.638	1.143	0.020	0.559	1.143
国有企业	0.019	0.717	1.817	0.008	0.860	1.820	-0.002	0.970	1.823
民营企业	0.052	0.365	2.233	-0.007	0.880	2.260	-0.001	0.980	2.261
合资企业	0.053	0.289	1.679	0.018	0.661	1.695	0.012	0.766	1.696
技术岗位	-0.047	0.311	1.450	-0.053	0.178	1.453	-0.072	0.057	1.463
管理岗位	-0.104	0.025	1.459	-0.087	0.026	1.461	-0.100	0.009	1.465
企业规模	0.044	0.312	1.272	0.012	0.744	1.275	0.019	0.589	1.277
模型指标									
F值	2.049	0.047		33.223***	0.000		36.071***	0.000	
F变化	2.049	0.047		139.339***	0.000		42.801***	0.000	
R^2	0.021			0.311			0.353		
调整R^2	0.011			0.302			0.344		
Durbin-Watson	1.738								

注：*表示P<0.05，**表示P<0.01，***表示P<0.001。

依照温忠麟等（2004）、巴伦（Baron）和肯尼（1986）以及裘德和肯尼（1981）对中介效应检验过程的建议，本研究首先检验创新导向、组织氛围对知识型员工创新行为的影响作用。从 M_2 回归分析结果可以看出，创新导向对知识型员工创新行为的回归系数为 $\beta_1 = 0.331$（$p < 0.001$），组织氛围对知识型员工创新行为的回归系数为 $\beta_2 = 0.340$（$p < 0.001$），回归系数均显著，可以认为创新导向、组织氛围对知识型员工创新行为影响作用都显著。其次，从 M_8 回归分析结果可以看出，价值观契合对知识型员工创新行为的回归系数为 $\beta_{71} = 0.246$（$p < 0.001$），回归系数显著，可以认为此时价值观契合对知识型员工创新行为影响作用显著；对比 M_8 和 M_2 中创新导向、组织氛围对知识型员工创新行为的回归系数，可以看出，在加入价值观契合中介变量之后，M_8 中两个自变量的回归系数明显降低（$\beta_{11} = 0.258 < \beta_1 = 0.331$；$\beta_{21} = 0.247 < \beta_2 = 0.340$），显著性水平（$p < 0.001$）满足要求。最后，还需要检验创新导向、组织氛围对价值观契合的影响关系是否成立。从上文 M_4 的回归分析结果可以看出，创新导向对知识型员工价值观契合的回归系数为 $\beta_3 = 0.297$（$p < 0.001$），组织氛围对知识型员工价值观契合的回归系数为 $\beta_4 = 0.379$（$p < 0.001$），回归系数均显著，表示创新导向、组织氛围对知识型员工价值观契合的影响作用均显著。综合以上分析，我们可以认为，价值观契合在创新导向、组织氛围对知识型员工创新行为之间起中介影响作用成立，本研究提出的 H_9、H_{10} 两条假设得到验证。

（2）心理授权中介影响关系检验

为了对心理授权中介影响关系进行检验，本研究构建了 M_1、M_2 和 M_9，M_9 是在 M_2 的基础上加入了中介变量心理授权，检验心理授权对知识型员工创新行为的影响，以及创新导向和组织氛围对知识型员工创新行为影响的变化。三个模型的回归分析结果见表5.7所示。

表 5.7 心理授权中介影响关系的回归分析结果

变量	创新行为								
	M_1			M_2			M_9		
	Beta	Sig.	VIF	Beta	Sig.	VIF	Beta	Sig.	VIF
自变量									
创新导向				0.331***	0.000	1.147	0.224***	0.000	1.263
组织氛围				0.340***	0.000	1.124	0.183***	0.000	1.374
中介变量									
价值观契合									
心理授权							0.386***	0.000	1.509
控制变量									
工作年限	0.083	0.041	1.127	0.016	0.638	1.143	-0.017	0.588	1.154
国有企业	0.019	0.717	1.817	0.008	0.860	1.820	0.060	0.140	1.848
民营企业	0.052	0.365	2.233	-0.007	0.880	2.260	0.047	0.300	2.290
合资企业	0.053	0.289	1.679	0.018	0.661	1.695	0.040	0.308	1.700
技术岗位	-0.047	0.311	1.450	-0.053	0.178	1.453	-0.051	0.155	1.453
管理岗位	-0.104	0.025	1.459	-0.087	0.026	1.461	-0.097	0.007	1.462
企业规模	0.044	0.312	1.272	0.012	0.744	1.275	0.040	0.235	1.283
模型指标									
F 值	2.049	0.047		33.223***	0.000		45.942***	0.000	
F 变化	2.049	0.047		139.339***	0.000		110.767***	0.000	
R^2	0.021			0.311			0.410		
调整 R^2	0.011			0.302			0.401		
Durbin-Watson	1.820								

注：*表示 $P<0.05$，**表示 $P<0.01$，***表示 $P<0.001$。

同样依照温忠麟等（2004）、巴伦和肯尼（1986）以及裘德和肯尼（1981）对中介效应检验过程的建议，本研究首先检验创新导向、组织氛围对知识型员工创新行为的影响作用。M_2 的回归分析结果已经证实创新导向、组织氛围对知识型员工创新行为影响作用均显著。其次，从 M_9 回归分析结果可以看出，心理授权对知识型员工创新行为的回归系数为 β_{81} = 0.386（p<0.001），回归系数显著，可以认为此时心理授权对知识型员工创新行为影响作用显著。对比 M_9 和 M_2 中创新导向、组织氛围对知识型员工创新行为的回归系数，可以看出，在加入价值观契合中介变量之后，M_9 中两个自变量的回归系数明显降低（β_{12} = 0.224 < β_1 = 0.331；β_{22} = 0.183 < β_2 = 0.340），显著性水平（p<0.001）满足要求。最后，还需要检验创新导向、组织氛围对心理授权的影响关系是否成立。从上文 M_6 的回归分析结果可以看出，创新导向对知识型员工心理授权的回归系数为 β_5 = 0.278（p<0.001），组织氛围对知识型员工心理授权的回归系数为 β_6 = 0.407（p<0.001），回归系数均显著，表示创新导向、组织氛围对知识型员工心理授权的影响作用显著。综合上述分析，我们可以认为，心理授权在创新导向、组织氛围对知识型员工创新行为之间的中介影响作用成立，本研究提出的 H_{11}、H_{12} 两条假设得到验证。

（3）价值观契合、心理授权共同中介影响关系检验

为了对价值观契合和心理授权共同中介影响进行检验，本研究构建了 M_1、M_2 和 M_{10}，M_{10} 是在 M_2 的基础上同时加入了中介变量价值观契合和心理授权，检验价值观契合、心理授权同时存在的情况下创新导向和组织氛围对知识型员工创新行为的中介影响。三个模型的回归分析结果见表5.8所示。

表5.8 价值观契合、心理授权中介影响关系的回归分析结果

变量	创新行为								
	M_1			M_2			M_{10}		
	Beta	Sig.	VIF	Beta	Sig.	VIF	Beta	Sig.	VIF
自变量									
创新导向				0.331***	0.000	1.147	0.194***	0.000	1.334
组织氛围				0.340***	0.000	1.124	0.146***	0.000	1.476
中介变量									
价值观契合							0.145***	0.000	1.594
心理授权							0.342***	0.000	1.661
控制变量									
工作年限	0.083	0.041	1.127	0.016	0.638	1.143	-0.012	0.717	1.157
国有企业	0.019	0.717	1.817	0.008	0.860	1.820	0.049	0.229	1.858
民营企业	0.052	0.365	2.233	-0.007	0.880	2.260	0.044	0.324	2.290
合资企业	0.053	0.289	1.679	0.018	0.661	1.695	0.034	0.385	1.702
技术岗位	-0.047	0.311	1.450	-0.053	0.178	1.453	-0.063	0.078	1.464
管理岗位	-0.104	0.025	1.459	-0.087	0.026	1.461	-0.103	0.004	1.465
企业规模	0.044	0.312	1.272	0.012	0.744	1.275	0.041	0.219	1.284
模型指标									
F值	2.049	0.047		33.223***	0.000		44.029***	0.000	
F变化	2.049	0.047		139.339***	0.000		64.110***	0.000	
R^2	0.021			0.311			0.424		
调整R^2	0.011			0.302			0.414		
Durbin-Watson	1.828								

注：*表示P<0.05，**表示P<0.01，***表示P<0.001。

同样依照温忠麟等（2004）、巴伦和肯尼（1986）以及裘德（Judd）和肯尼（1981）对中介效应检验过程的建议，本研究首先检验创新导向、组织

氛围对知识型员工创新行为的影响作用。M_2 的回归分析结果已经证实创新导向、组织氛围对知识型员工创新行为影响作用均显著。其次，从 M_{10} 回归分析结果可以看出，价值观契合对知识型员工创新行为的回归系数为 β_{82} = 0.145（$p < 0.001$），回归系数显著，可以认为此时价值观契合对知识型员工创新行为影响作用显著。同时，心理授权对知识型员工创新行为的回归系数为 β_{72} = 0.342（$p < 0.001$），回归系数显著，可以认为此时心理授权对知识型员工创新行为影响作用显著。对比 M_{10} 和 M_2 中创新导向、组织氛围对知识型员工创新行为的回归系数，可以看出，在加入价值观契合、心理授权中介变量之后，M_{10} 中两个自变量的回归系数明显降低（β_{13} = 0.194 < β_1 = 0.331；β_{23} = 0.146 < β_2 = 0.340），显著性水平（$p < 0.001$）满足要求。

最后，还需要检验创新导向、组织氛围对价值观授权、心理授权的影响关系是否成立。从上文 M_4 的回归分析结果可以看出，创新导向对知识型员工价值观契合的回归系数为 β_3 = 0.297（$p < 0.001$），组织氛围对知识型员工价值观契合的回归系数为 β_4 = 0.379（$p < 0.001$），回归系数均显著，表示创新导向、组织氛围对知识型员工价值观契合的影响作用均显著。从上文 M_6 的回归分析结果可以看出，创新导向对知识型员工心理授权的回归系数为 β_5 = 0.278（$p < 0.001$），组织氛围对知识型员工心理授权的回归系数为 β_6 = 0.407（$p < 0.001$），回归系数均显著，表示创新导向、组织氛围对知识型员工心理授权的影响作用显著。

综合上述分析，我们可以认为，在价值观契合、心理授权两个中介变量同时存在时，创新导向、组织氛围对知识型员工创新行为的中介影响作用成立，本研究提出的 H_9、H_{10}、H_{11}、H_{12} 四条假设得到完全验证。

5.3　结果分析与讨论

本研究依据社会控制理论和行为心理学"S－O－R"模型，深入剖析了创新导向、组织氛围对知识型员工创新行为的影响作用关系，构建出各要素间的理论模型。研究核心主要是解决以下两个关键问题：（1）依据社会控制理论，从外在控制和内在控制两个方面深入剖析影响知识型员工创新行为的主要影响因素，从战略导向硬控制、工作气氛软控制两个层面上提出创新导向及组织氛围两个前置因素，从内在价值匹配、心理工作动机两个层面上提出价值观契合及心理授权两个前置因素，并重点探讨了不同控制力量如何影响知识型员工的创新行为。（2）依据"S－O－R"模型研究范式，知识型员工内在控制因素（心理状态变量：价值观契合和心理授权）作为外在控制因素（外部环境因素：创新导向和组织氛围）对其创新行为的中介变量，系统分析了创新导向、组织氛围对知识型员工创新行为的影响作用机理。之后，本研究通过研究变量度量、样本数据收集、信度效度检验和多元线性回归分析，采用大样本数据对所提出的影响作用关系假设进行了实证检验，结果表明12条假设都获得了支持。在此，本文将结合回归分析结果进行相关内容的深入分析和讨论。

5.3.1 创新导向、组织氛围对创新行为的影响机制分析

如今，全球经济已经由传统农业经济、工业经济向知识经济转变，对知识资源的获取、利用及开发已经成为经济增长的重要途径。在此背景下，企业作为经济社会发展的重要经济组织，实施创新战略也成为其不容推辞的责任。同时也是其自身持续发展、获取竞争优势的唯一选择。面对激烈的全球市场竞争，企业需要应对外部复杂多变的经营环境，塑造自身创新和商品化新技术的能力与流程，提升"全球创新"能力（波特，2001）。知识型员工作为企业的重要成员，知识型员工在组织中能否有效展现个体创新行为，是影响企业创新能力的重要因素。莎莉（1995）就曾指出，员工创新行为是组织创新的核心要素，是推动组织创新的基础力量。

知识型员工创新行为如此重要，那么如何来激发知识型员工来实施创新行为就显得尤为重要。许多学者都认为组织氛围是一个重要的前置影响

因素（韦斯特和 Anderson，1996；斯科特和布鲁斯，1994；Ramamoorthy 等，2005；王士红等，2013）。他们普遍认为，良好的组织氛围，能够让员工感知到身处公平、和谐、互助的工作环境中，能够影响他们的主动创新行为意愿，从而促进员工产生创新行为活动。还有些学者提出了组织文化、战略导向等外部因素也对员工创新行为有重要影响作用（De‐Jong 和 Kemp，2003）。本研究将创新导向、组织氛围作为知识型员工创新行为的两个前置影响因素。认为创新导向、组织氛围对知识型员工创新行为具有积极的影响作用，样本数据分析结果也验证了这一观点。

从回归分析结果看出，创新导向、组织氛围对知识型员工创新行为均具有积极的影响作用。创新导向企业为了应对永久性的市场竞争挑战而展开的创新驱动战略，是影响知识型员工创新行为的外在正式控制力量。在组织实施创新导向战略环境下，企业能够做出更多的支持创新的战术安排和工作计划，并且通过各种政策制度来支持知识型员工开展各种产品技术、管理理念等方面的变革性活动。而从知识型员工的角度来看，创新导向战略的实施无意将能够激发员工勇于承担风险、敢于不断尝试的创新热情，大大降低员工对创新危险性的感知，消除从事各种变革活动的内部阻碍，有效获取企业对支持创新活动的承诺，这些都将有效促进知识型员工的创新行为。这同赫尔利和霍特（1998）、德琼和肯普（2003）、杜鹏（2008）以及李悦（2012）等学者的研究结果相一致。

组织氛围是知识型员工能够感知的工作环境气氛，是影响知识型员工创新行为的外在非正式控制力量。良好的组织氛围意味着企业拥有完善的组织结果、具有和谐的人际关系、持有公平合理的规范制度、具备互助合作的团队精神，这些都是支持知识型员工开展创新活动的保障条件。从知识型员工角度来看，好的组织氛围意味着组织及成员对其行为活动的期望。为了回报这种期望，知识型员工将会调整个体行为朝向期望的方向。这些都将促进知识型员工产生和实施个体创新行为活动。这同阿欠和迪克森（1983）、阿玛贝尔等（2002）、蒂尔尼和法默（2002）、历明（2013）

147

等学者的研究结果相一致。

对比创新导向、组织氛围对知识型员工创新行为影响作用回归系数可以看出，组织氛围对创新行为的回归系数要高于创新导向对创新行为的回归系数（β2＝0.340＞β1＝0.331）。也就是说，组织氛围对知识型员工创新行为的影响要稍高于创新导向对知识型员工创新行为的影响。从社会控制理论来看，创新导向属于影响知识型员工的外在正式控制力量，而组织氛围属于影响知识型员工的外在非正式控制力量。作为组织战略层面上的创新导向虽可以为正式型员工提供战略指导、活动安排，但是对知识型员工工作行为活动选择影响更为紧密的应该是其工作的环境氛围。主管的任务安排、同事的互助协作、公平的绩效制度等都要对知识型员工产生更大的影响作用。

5.3.2　创新导向、组织氛围对价值观契合的影响机制分析

知识型员工是企业知识的重要载体，知识型员工同企业的契合程度是影响员工工作效能的重要因素。列文（1951）在早期的研究中就曾指出，个体在组织中的表现会受到个体自身同所处环境的互相作用影响，员工对这种交互影响的感知将对其自身和组织带来积极的效能影响。许多学者在对个人—组织契合研究中都认为，价值观契合是个人—组织契合的关键（Cable 和 Judge，1997；Chatman，1989）。价值观则是个体认定事物、辨定是非的一种思维或取向，可以规范个体和群体的思想动机和行为（马俊峰，2010）。价值观是凌驾于所有特定情境之上的信念，指导着个体或组织对行为和实践的选择和评估，员工与组织的价值观契合程度是影响员工和组织效能有效发挥的重要因素。

目前对价值观契合的研究主要关注在契合的类型以及影响结果。本研究将创新导向和组织氛围作为影响知识型员工价值观契合的前置因素，创新导向、组织氛围对知识型员工价值观契合具有积极的影响作用。样本数据分析结果也验证了这一观点。价值观契合是知识型员工和所处的组织环

境相互作用的结果,反映了员工和组织价值取向的一致性程度。在创新战略导向环境下,知识型员工能够获取组织对创新的支持性承诺,有助于产生从事创新活动的激情,塑造创新理念,这同知识型员工获得自我实现需要的内在动机相一致,有利于实现知识型员工同组织的一致性契合和补偿性契合。这一验证结果同达硕等(1994)、阿什福斯和梅尔(1992)等学者的研究结论一致。

而从组织氛围来看,和谐有爱的组织氛围能够满足知识型员工对友情、人际交往以及组织归属感的心理需要,可以获得主管、同事以及相关群体对自身工作的大力支持,可以弥补知识型员工在工作生活等方面的不足和欠缺,这些都可以有效促进知识型员工同组织的一致性和补偿性契合。这一研究结果同 Tyler 等(1996)、本科夫(1997)以及 Morgan(2004)等学者的研究结论相一致。

从创新导向、组织氛围对知识型员工价值观契合影响作用回归系数的比较来看,组织氛围对价值观契合的回归系数要高于创新导向对价值观契合的回归系数($\beta 4 = 0.379 > \beta 3 = 0.297$)。也就是说,组织氛围对知识型员工价值观契合的影响要高于创新导向对知识型员工价值观契合的影响。心理学家查特曼(1991)在研究中就曾指出,在外界环境刺激下,个体将会对自身特征和环境特征进行交汇融合,形成对既定环境的内在心理反应。同样,知识型员工价值观契合的产生也是知识型员工在其组织工作过程中,通过企业战略导向指导、组织氛围熏陶而产生的一种内在价值观与组织价值观的匹配融合。在这种交汇融合的过程中,同知识型员工密切相关的组织工作氛围将会对其价值观契合产生更强的影响,而创新战略导向则会较弱一些。

5.3.3 创新导向、组织氛围对心理授权的影响机制分析

市场竞争的加剧迫使企业不断通过各种方法去提升组织的绩效水平,其中授权被看作是一种非常有效的手段。在过去 30 多年的时间里,授权被

组织和管理者当作是激励员工、提高员工效能和组织绩效的有效措施。一方面，管理者可以通过授予下属自我决策、资源支配和自主工作等权力，实现权力的下移或分享，这些称之为结构授权。另一方面，从员工角度来看，他们由于获得了工作自主权、工作价值感、工作控制能力以及自我效能，从而在内心产生激励作用，这些称之为心理授权。Conger 和 Kanungo（1988）认为，结构授权仅关注管理者的权利下放，但忽视了被授权者的心理体验，只有真正做到被授权者的内在增强激励，才能有效提升员工的工作效能。

鉴于心理授权的重要意义，许多学者对其前置因素进行了研究。在组织层面上，学者们提出组织氛围、组织结构以及组织文化等是影响心理授权的重要前提条件。托马斯和万尔豪斯（1990）就曾指出，心理授权是员工通过对工作环境的感知而形成的内在动机。塞伯特（Seibert，2004）提出，组织良好的氛围可以有效提升员工的心理授权水平。本文则提出，组织实施的创新导向也将对知识型员工的心理授权产生积极的影响，样本数据分析结果也验证了这一观点。

在创新战略导向环境下，组织为了提高战略实施效果，通常将会加大结构授权力度。这样就可以有效增加知识型员工的工作自主性、加大他们的自我决策范围、提升员工工作行为和过程的自主性控制水平。这些授权活动的开展，无疑将能够提升知识型员工的自我价值判断，强化知识型员工的工作影响意义。这些都将能够有效促进知识型员工心理授权感的提升。这一研究结论同 Bowen 等（1992）提出的组织变革会为员工带来心理授权感知的思想相一致。从组织氛围的角度来看，良好的组织氛围有利于增加知识型员工对工作环境的自身解释程度，使他们更加容易感知到组织或团队对他们的工作支持，从而有利于加大知识型员工同组织、群体及其他员工的社会交换，增强其个人权利感。同时还可以通过增加知识型员工的决策参与程度，提升自身效能感。这些都能够提升知识型员工的心理授权水平。这一研究结论同约翰逊和瑟斯顿（1997）、拉辛格（Laschinger，

1995)以及我国学者雷巧玲等(2006)学者们的研究结果相一致。

从创新导向、组织氛围对知识型员工心理授权影响关系的回归分析结果来看,组织氛围对知识型员工心理授权的回归系数要高于创新导向对知识型员工心理授权的回归系数($\beta6 = 0.407 > \beta5 = 0.278$)。也就是说,组织氛围对心理授权的影响作用要高于创新导向对心理授权的影响作用。本文认为,创新导向属于战略层面因素,其对知识型员工心理授权水平的影响将会更加宏观。正如上文所言,创新导向可能更加注重结构授权的影响。但是这种宏观授权能够带来知识型员工内心的内在增强动机,则可能还有其他的调节因素在里边。但是组织氛围则不同,良好的组织氛围可以直接对知识型员工的工作自我效能感、工作自主性和工作价值产生重要的影响,基本不受中介和调节因素的影响。故此,我们认为组织氛围对心理授权的影响作用高于创新导向对心理授权的影响作用具有合理性。

5.3.4 价值观契合、心理授权对创新行为的影响机制分析

在对员工创新行为的影响因素研究中,学者们主要从工作特征、个人特质、心理状态以及组织环境四个层面来进行探讨。其中心理状态主要是从动机、情绪和情感以及工作态度等方面来进行解释,而内在动机研究较多。阿玛贝尔(1993)就曾提出"动机—工作循环匹配"理论,认为内在动机是创造力的前提,员工高水平的内在动机有助于产生创新性想法。斯普雷策(1995)也认为,较多心理授权的员工往往愿意提出更多变化。故此,本文将心理授权作为影响知识型员工创新行为的一个重要前置变量。同时,本研究还将价值观契合作为影响知识型员工创新行为的前置变量,提出相关研究假设。样本数据分析结果验证了这两个前置因素的影响作用。

价值观契合是知识型员工内在控制层面的匹配认知状态,知识型员工同组织价值观的契合程度影响着他们之间的价值取向的一致性和互补性。高水平的价值观契合能够为知识型员工提供更多的沟通交流、吸引力和信

任关系，这些能够激发知识型员工的内在工作热情，有利于员工实现对工作和组织的高程度嵌入、激发他们表现出更多的角色外行为和运动员精神，从而表现出更多的个体创新行为。这一研究结论同朱青松和陈维政（2009）、王震和孙健敏（2010）以及谭道伦（2011）等学者的研究相一致。心理授权作为一种内在增强动机，较高的心理授权感受往往能够为知识型员工带来更多自信，也意味着他们具有较高的工作自主性、较强的自我效能感、重要的工作意义和影响力认识，这些都将有利于知识型员工激发创新热情、突破技术规则限制、充分发挥自身创造力，积极从事创新性行为活动。因此，我们认为知识型员工的心理授权对创新行为具有积极的影响作用，这一研究结论同斯普雷策（1995）、詹森（2005）以及我国学者杨芙（2011）的研究相一致。

从价值观契合、心理授权对知识型员工创新行为影响关系的回归分析结果来看，心理授权对创新行为的回归系数要高于价值观契合对创新行为的回归系数（$\beta_8 = 0.444 > \beta_7 = 0.241$）。也就是说，心理授权对知识型员工创新行为的影响作用要高于价值观契合对知识型员工创新行为的影响作用。本文认为，心理授权是知识型员工基于工作情境而产生的内在增强激励，将直接激励知识型员工开展创新行为活动，是知识型员工行为选择的内在诱因。价值观契合是知识型员工和组织价值观的一致性匹配程度，是知识型员工自身价值取向同组织价值取向进行长期交互影响而形成的内在状态，受组织价值观影响较大，同外部激励动机关系紧密。而且价值观契合属于内在控制层面的匹配认知状态，对知识型员工行为活动的影响更多是规范约束作用。虽然也可称为一种主观能动力量，但影响程度将不如内在增强动机影响程度高。Conger和凯南格（Kanungo，1988）在对创新行为的研究中也认为，心理授权是刺激鼓励组织实施变革的关键因素。卢小君和张国梁（2007）在对员工创新行为的研究中也指出，内部动机对员工创新行为的影响要高于外部动机对创新行为的影响。这些同本文的研究结论也存在一致性。

5.3.5 价值观契合、心理授权的中介影响机制分析

新行为主义代表人物托尔曼提出的"S-O-R"模型研究范式表明，个体差异同外部环境刺激的结合形成了介于刺激和反应之间的中介变量，这种中介变量对个体的行为产生直接影响。基于此，本研究将价值观契合、心理授权作为影响创新导向、组织氛围对知识型员工创新行为的中介变量，共四条假设。样本数据分析结果支持了本研究的观点。

价值观契合是知识型员工在组织中长期工作受交互影响而形成的一种价值观匹配认知状态。创新导向战略可以为知识型员工开展工作提供必要的信息、物质和机遇等资源支持，满足知识型员工自身价值实现需要，能够促进两者的一致性和互补性契合。而这种高程度的契合状态可以促使知识型员工表现出更多的角色外行为和运动员精神，从而推动创新行为活动的开展。而良好的组织氛围能够满足知识型员工对感情、人际关系以及组织归属的需要，可以为知识型员工的互助协作支持，能够促进员工同组织的一致性契合，进而激发知识型员工团队协作、共同创新的行为意愿，促进各项创新活动的开展。因此，价值观契合在创新导向、组织氛围对知识型员工创新行为的影响间起着积极的影响作用。这一结论同谭道伦（2011）等学者的研究结论相一致。

心理授权是知识型员工基于工作情景而形成的内在增强动机，这种内在动机将会受到组织创新导向和工作氛围的影响，并进而对知识型员工的创新行为产生影响作用。创新导向战略能够为知识型员工实施创新活动提供更多战略资源支持，为员工带来更强的工作价值感、工作意义感知，可以获得更大的工作自主性和自我决策空间。这种积极的工作情境认知能够激发知识型员工内在的增强动机，进而促使他们体现出更多的个体弹性和创造性，开展更多的创新性行为活动。良好的组织氛围则可以加大知识型员工同其他成员或组织的社会交换程度，有效提高内在心理授权感受，进而表现出敏捷的思维、充沛的精力和冒险的特性，促进个体创新行为的产

生。因此，我们认为心理授权在创新导向、组织氛围对知识型员工创新行为之间起着积极的中介影响作用。这一研究结论同斯普雷策（1995）、阿玛贝尔（1997）以及刘云（2010）等学者的研究相一致。

根据上文回归分析结果，本研究画出了价值观契合、心理授权同时作为中介变量时，创新导向、组织氛围对知识型员工创新行为影响作用的关系路径示意图，如图 5.1 所示。

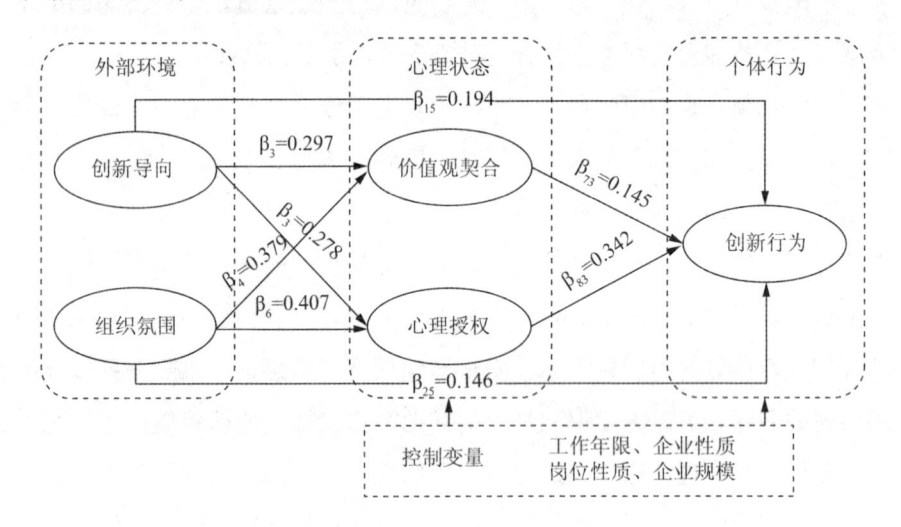

图 5.1 创新导向、组织氛围对知识型员工创新行为影响关系路径系数示意图

从图 5.1 可以看出，创新导向对创新行为的直接影响作用系数为 0.194，组织氛围对创新行为的直接影响作用系数为 0.146，两个变量直接影响作用总系数为 0.340，创新导向的直接影响作用要高于组织氛围。价值观契合在创新导向、组织氛围对创新行为影响之间的中介作用系数为 0.098（$\beta' = \beta_3 \times \beta_{73} + \beta_4 \times \beta_{73}$），心理授权在创新导向、组织氛围对创新行为影响之间的中介作用系数为 0.234（$\beta'' = \beta_5 \times \beta_{83} + \beta_6 \times \beta_{83}$），两个变量的总体中介效应系数为 0.332。其中心理授权的中介作用要远高于价值观契合的中介作用。对比创新导向、组织氛围对知识型员工创新行为的路径系数，可以看出，价值观契合、心理授权在创新导向、组织氛围对知识型员工创新行为影响作用关系中起到部分中介作用。中介作用系数与直接作用系数差距不大。可以看出，知识型员工基于工作情境感知而产生的内在心理授权是创新导向、组织氛围对知识型员工创新行为影响的重要中介变量。这一研究结论同 Spreizer（1995）、阿玛贝尔（1997）、刘云和石金涛（2010）等学者强调心理授权在外部环境和个体创新行为之间重要中介作用的研究结论相一致。

5.4 本章小结

在对本研究所使用的方法进行了设计之后，本章结合前文提出的创新导向、组织氛围对知识型员工创新行为影响作用关系假设，采用样本数据通过描述性统计分析、相关分析和多元线性回归分析等定量分析方法进行数据分析和假设检验。结果显示，本研究提出的 12 条关系假设全部被验证。也就是说，创新导向、组织氛围对知识型员工创新行为均具有显著的积极影响。并且还分别通过价值观契合和心理授权对知识型员工创新行为产生积极的中介影响作用。

第 6 章

结论及展望

6.1 研究的主要结论

本文基于对中国企业创新导向战略环境下员工创新行为管理实践问题的解答以及相关理论研究缺失的弥补，以工作动机、员工激励、社会控制、行为心理学等相关理论与研究文献成果为基础，通过逻辑思辨、推理演绎、定性调研、定量分析等研究方法，提炼出创新导向、组织氛围影响知识型员工创新行为的中介因素，剖析了创新导向、组织氛围对知识型员工创新行为的影响作用机制，构建了相应的作用关系假设模型，并进行了大样本的数据检验和分析，得出了一些具有实践价值和理论意义的研究结论，主要包括以下几个方面：

(1) 提炼出创新导向、组织氛围影响知识型员工创新行为的中介变量。

本研究依据社会控制理论，认为影响知识型员工创新行为的因素主要包括两个层面：一种是外在控制力量，包括代表组织战略导向的硬控制——创新导向，以及代表组织整体客观环境属性的软控制——组织氛围，可以看作是员工的外部环境刺激；另一种是内在控制力量，包括反映内在控制层面的匹配认知状态——价值观契合，以及内在动机层面的综合认知状态——心理授权，可以看作是员工的内在心理状态。基于心理学研究中的"S－O－R"模型，本研究认为价值观契合和心理授权是创新导向、组织氛围影响创新行为的中介变量。

(2) 构建了创新导向、组织氛围对知识型员工创新行为的影响关系假设模型。

本研究基于心理学研究中的"S-O-R"模型,将知识型员工内在心理状态（价值观契合、心理授权）作为中介变量,深入剖析了创新导向、组织氛围对创新行为的影响机制,认为知识型员工所在组织的创新导向战略和组织工作氛围对其创新行为有直接影响作用。同时还可以通过价值观契合和心理授权两个中介变量对其创新行为产生间接影响作用。基于此影响作用机制,本文提出了12条影响作用关系假设,搭建出创新导向、组织氛围对知识型员工创新行为的影响关系假设模型。

(3) 实证检验了创新导向、组织氛围对知识型员工创新行为的影响关系假设。

基于本文提出的创新导向、组织氛围对知识型员工创新行为的影响作用关系假设模型,进行了科学规范的研究方法设计,确定出包含31个题项的变量测度量表,收集到671份有效样本数据。通过信度和效度检验、描述性统计分析,显示样本数据具有较好的可靠性和有效性,可以进行数据分析处理。通过采用SPSS17.0软件进行多元线性回归分析,结果显示12条假设均获得数据支持,得以验证。实证结果表明,创新导向、组织氛围对知识型员工创新行为具有积极的影响作用,组织氛围对创新行为的影响作用略高于创新导向的影响。但从直接影响作用来看,创新导向稍高于组织氛围。价值观契合、心理授权在创新导向、组织氛围对创新行为影响作用关系中起到部分中介作用。心理授权的中介作用要远高于价值观契合的中介作用。但是,中介作用系数与直接作用系数差距不大。知识型员工基于工作情境感知而产生的内在心理授权是创新导向、组织氛围对知识型员工创新行为影响的重要中介变量。

6.2 研究贡献与启示

6.2.1 理论贡献

本研究针对员工创新行为理论研究存在的缺失之处，基于工作动机、员工激励相关研究理论，依照社会控制理论思想、采用"S-O-R"模型研究范式，在清晰本研究涉及主要变量概念的基础上，深入剖析各变量间的影响作用机制，系统提出本研究的影响作用关系假设，科学设计本研究相关分析方法，定量检验影响作用关系假设并进行分析讨论。经过这一规范科学的研究所得出的研究结论对于员工创新行为研究领域具有一定的理论贡献，主要包括以下几个方面。

（1）以价值观契合、心理授权为中介变量，深入剖析了创新导向、组织氛围影响知识型员工创新行为的影响机制，实现了多个影响因素的系统综合分析。本研究基于社会控制理论内容，将创新导向、组织氛围界定为影响知识型员工创新行为的外在控制力量，并从内在控制力量层面提炼出价值观契合和心理授权，并依据"S-O-R"模型研究范式，将价值观契合和心理授权作为中介变量，深入剖析了创新导向、组织氛围影响知识型员工创新行为的影响机制。这一研究结论实现了员工创新行为前置影响因素的多层面综合分析，揭示了外部环境变量影响员工创新行为的内在作用机制，具有一定理论贡献。

（2）提出了创新导向、组织氛围影响知识型员工创新行为的影响作用关系假设。并通过大样本数据采用多元线性回归分析方法进行了检验。本研究在创新导向、组织氛围影响知识型员工创新行为影响机制分析基础上，提出了创新导向、组织氛围、价值观契合、心理授权和知识型员工创新行为的作用关系假设。并通过671份样本数据进行了多元线性回归分析，验证了本研究所提的所有假设。这一研究结论清晰地揭示了创新导向、组织氛围影响员工创新行为的作用关系路径，解开了外部环境变量影响员工个体创新行为的作用黑箱，具有一定的理论价值。

（3）深入分析了创新导向、组织氛围影响知识型员工创新行为的影响作用关系路径，区分出了创新导向、组织氛围对知识型员工创新行为影响的直接影响效应和间接影响效应，明确了价值观契合、心理授权的中介效应。这一研究进一步解析了创新导向、组织氛围对知识型员工创新行为影响的不同作用，指出了价值观契合、心理授权两个变量中介影响的重要性，强化了心理授权在创新导向、组织氛围影响知识型员工创新行为作用中的重要中介地位，具有一定的理论意义。

6.2.2 实践启示

本研究基于企业知识型员工创新行为管理实践问题，通过对工作动机、员工激励、社会控制、行为心理学等相关理论研究文献资料的综述研究，从外在控制层面界定了创新导向、组织氛围两个前因变量，从内在控制层面提炼出价值观契合、心理授权两个中介变量，论证了以价值观契合、心理授权为中介变量的创新导向、组织氛围对知识型员工创新行为影响作用机制，得出相应的研究结论。这一规范科学的研究结论，对于企业知识型员工创新行为管理具有一定的管理启示。

（1）科学制定创新型业务发展战略、持续营造良好的组织工作氛围。

从本研究分析结果可以看出，创新导向、组织氛围对知识型员工创新行为的影响作用都非常显著。这就表明，企业实施创新导向、建设良好的组织氛围能够有效促进知识型员工的创新行为。因此，企业在管理实践中仍需要坚持制定科学的创新导向战略，营造良好的组织氛围。一方面，在战略制定方面不仅仅需要"喊口号"，还需要"重落实"。在实施创新导向战略时，需要制定出具体的业务发展战略，并通过目标管理方式层层分解，让组织中的各级知识型员工都惠及创新导向的战略支持，这样才能够充分调动知识型员工的创新积极性，才能够更加积极地影响到他们的个体创新活动。另一方面，在组织氛围营造方面，需要企业持续不懈、重在长远。知识型员工的创新行为具有长期性、风险性和长效性，营造良好的组织氛围属于长期投资，不应只看眼前，而需要坚持不懈的实施。

（2）树立创新型价值观文化，提升员工价值观契合程度。

从本研究实证分析结果可以看出，知识型员工同企业的价值观契合程度对其创新行为的直接影响作用系数为 0.145，间接影响作用系数为 0.098。这就表明，知识型员工价值观契合程度不仅能够直接影响他们的创新行为活动，而且还具有一定的间接影响作用。因此，企业在管理实践中需要通过树立创新型价值观文化，努力提升员工价值观同组织价值观的契合程度。企业需要加强创新文化建设，要在创新导向战略下，树立创新价值观念，建立有影响力的企业文化。创新价值观是维护企业创新导向的战略成功执行的关键资源，是企业追求经营成功过程中所推崇的基本创新信念和奉行的创新目标，它主导和支配着企业创新文化。企业需要通过创新价值观建设，使每个员工同企业荣辱与共，像黏结剂一样把知识型员工的积极性积聚起来，通过有效发挥他们的主观能动性，将精神力量转化为物质力量。

面对不断变化、日益激烈的市场竞争环境，依托传统的土地、能源、原材料等硬实力的较量已经逐渐淡化，越来越多的企业开始认识到通过文化建设、研发提升、品牌塑造、形象打造等软性实力的提升可以用来优化和整合企业硬件要素，提升企业核心竞争优势。企业软性实力逐渐成为 21 世纪企业获取竞争优势、赢得持续发展的重要依托。企业软性实力是在企业发展成长过程中长期积累沉淀而成的，是其他企业不可模仿、难以复制的核心竞争力。相对于硬性实力而言企业软性实力的提升主要设计两种要素：企业人和价值观契合。对于这两种要素的管理从过去"以物为中心"的管理向"以人为中心"的管理转变，整合企业的资源管理方式。

（3）加大企业结构授权力度，促进员工心理授权程度。

本研究结果显示，心理授权对员工创新行为的直接影响作用系数是0.342，间接影响作用系数是0.234。可以看出，知识型员工的心理授权水平不仅有效直接影响个体的创新行为，而且还具有非常重要的中介影响作用。因此，企业在创新管理实践中需要重点关注知识型员工的心理授权水平。心理授权是员工基于工作情境的感知而产生的内在增强动机，提升心理授权水平就需要加大企业宏观授权力度，为知识型员工创造更加自由、自主的工作任务安排，增强他们的工作自主性；吸引知识型员工进入企业战略决策过程，让他们提高自身工作影响力感知；为知识型员工分配更加具有挑战性、创新性的工作任务，提高他们的工作价值感；为他们提供更多的培训、进修、合作研发机会，增加他们的自身工作技能和专业知识，提升自我效能感。

在新的经济时代，企业需要囊括人才不同于工业经济时代，他们往往都具有创新性、个性化、复合型、合作型等素质特性，对于这些新型人才的管理无疑也需要具备变革创新的理念。这种创新的管理理论需要将满足员工需求、保障人才权益、促进人才发展作为管理服务宗旨。从管理人的思想转向影响人的理念，需要将员工行为管理转为以疏导、激发、关爱员工为主的心理管理，不仅提高员工的现有技能，还应该激发员工的主观能动性，提高工作自主性，从而提高员工心理授权程度。

6.3 研究的创新性成果

本论文经过全面构思、系统安排，提出并验证了创新导向、组织氛围对知识型员工创新行为的影响机制,在以下四个方面形成了的创新性研究成果。

(1)论文以工作动机理论、员工激励理论和创新行为理论为基础,从社会控制理论的角度,重新界定了创新导向、组织氛围两个外在控制层面影响因素,提炼出价值观契合、心理授权两个内在控制层面影响因素,并依据"S-O-R"模型研究范式,以价值观契合、心理授权为中介变量,深入分析了创新导向、组织氛围对知识型员工创新行为的影响机制,从外部环境、心理状态和个体行为三个层面构建出相应的影响作用关系模型,对创新导向、组织氛围影响知识型员工创新行为的作用机制进行了深入、系统的多层面分析,揭示了多变量间的内在作用机制,具有一定的理论创新性。

(2)论文基于现有研究成果,依照所构建的影响作用模型,提出创新导向、组织氛围对知识型员工创新行为影响作用的关系假设,并通过变量度量、问卷设计、样本选择进行了数据收集整理,采用SPSS17.0统计软件进行了多元线性回归分析,验证了论文提出的作用关系假设。研究结果清晰、有力地揭示了创新导向、组织氛围影响员工创新行为的作用关系路径,揭开了创新导向、组织氛围外部环境变量影响知识型员工创新行为的内在作用黑箱,具有一定的理论创新性。

(3)论文在验证创新导向、组织氛围影响员工创新行为的作用关系模型的基础上,量化了创新导向、组织氛围对知识型员工创新行为影响的直接影响效应和间接影响效应,明确了价值观契合、心理授权的中介效应。进一步清晰地展示出了创新导向、组织氛围对知识型员工创新行为影响的不同影响效应,指出了价值观契合、心理授权两个变量中介影响的重要性,强化了心理授权在创新导向、组织氛围影响知识型员工创新行为作用中的重要中介地位,具有一定的理论创新性。

(4)论文采用实证研究的方式,系统、科学、规范地检验了创新导向、组织氛围对知识型员工创新行为影响作用关系，验证了心理授权和价值观契合对员工创新行为的中介作用机制，基于研究结论提出了企业实施创新导向战略，促进知识型员工积极主动创新行为的管理启示，对企业管理者激发知识型员工创新热情、提升企业整体创新能力有重要的指导意义，具有一定的实践创新性。

6.4 研究局限与展望

在本研究即将进入尾声之时，经过对数据分析结果的讨论和解释以及对研究结论的总结，本文发现现有研究虽经前期的精心准备以及研究中的规范操作，但仍存在一些局限之处和需要以后继续探讨的问题。主要包括以下几个方面。

（1）知识型员工的创新行为是多个因素共同作用的结果。本研究由于受到研究主题、个人精力和时间的限制，仅探讨了创新导向、组织氛围、价值观契合、心理授权同知识型员工创新行为的影响作用关系，并未涉及更多的前因变量和中介变量，具有一定的局限性。在后续的研究中，可能需要引入更多的中介变量，更加深入地探讨创新导向、组织氛围对知识型员工创新行为的影响作用机制。

（2）在探讨创新导向、组织氛围对知识型员工创新行为的影响作用机制时，本研究并未对涉及的控制变量进行过多的分析解释。主要考虑到这些变量并不是本研究的主要研究变量，大多呈现出不显著的影响关系，在这一方面具有一定的局限性。在后续的研究中，需要针对本文中发现的工作年限、管理岗位性质同知识型员工创新行为的不同影响作用进行深入分析，对工作年限、国有企业性质对知识型员工心理授权的不同影响作用进行深入分析。

（3）本研究在分析创新导向、组织氛围对知识型员工创新行为的影响作用关系时，并未考虑到调节变量的影响。特别是创新导向、组织氛围对价值观契合、心理授权间可能存在不同的调节变量形成的影响作用。本研究并未对此进行深入分析，具有一定的局限性。在后续的研究中需要提取出在不同影响关系路径上可能存在的调节变量，进而对这些要素间的详细作用关系进行深入分析和检验。

参考文献

[1] Allen, N. J. , Meyer, J. P. Affective, continuance, and normative commitment to the Organization: An Examination of on struct Validity; J. E. Mathieu, D. M. Zajac. A Review and Meta – Analysis of the Antecedents, Correlates, and consequences of organizational commitment [J] . Psychological Bulletin, 1990 (108): 171 – 194.

[2] Amabile T M. Motivational synergy: Towarnew conceptualizations of intrinsic and extrinsic motivation in the workplace. Human Resource Management Review, 1993 (3): 185 – 201.

[3] Amabile, TM, Conti, R, Coon, H, Lazenby, J, Herron M. Assessingthe work environment for creativity [J] . Academy of Management Journal, 1996 (39): 1154 – 1184.

[4] Amabile, T. M. A model of creativity and innovation in organizations [J] . Research in Organizational Behavior, 1988 (10): 123 – 167.

[5] Amabile, T. M. Creativity in context [M] . Boulder, Co: Westview, 1996.

[6] Amabile, T. M. Leader behaviors and the work environment for creativity: Perceived leadersupport [J] . Leadership quarterly, 2004, 15 (1): 5 – 32.

[7] Amabile, T. M. Leader behaviors and the work through motivational synergy [J] . Journal of Creative Behavior, 1997 (31): 18 – 31.

[8] Amabile, T. M. Motivational Synergy: toward new conceptualizations

of intrinsic and extrinsic motivation in the workplace [J]. Human Resource Management Review, 1993 (3): 185 - 201.

[9] Amabile, T. M. Social psychology of creativity: A componential conceptualization [J]. Journalof personality and social psychology, 1983 (45): 357 - 376.

[10] Amabile, T. M., Gryskiewicz, S. S. Creativity in the R&D laboratory [M]. Technical Report No. 30, Center for Creative Leadership, Greensboro, NC, 1987.

[11] Amos E A, Weathington B L. An Analysis of the Relation betweenEmployee - Organization Value Congruence and Employee Attitudes [J]. Journal of Psychology, 2008, 142 (6): 615 - 631.

[12] Anderson C R, Schenier C E. Locus of Control, Leader Behavior and Leader Performance among Management Students [J]. Academy of Management Journal, 1978, 21 (4): 690 - 698.

[13] Anderson G A, Anderson K B, Deuser W E. Examining an Affective Aggression Framework: Weapon and Temperature Effects on Aggressive Thoughts, Affect, and Attitude [J]. Personality and Social Psychology Bulletin, 1996, 22 (4): 366 - 376.

[14] Athuahene-Gima, kwake, Ko, Anthony. An Empirical Investigation of the effect of Market Orientation and Entrepreneurship Orientation Alignment on Product Innovation [J]. Organization Science, 2001, 12 (1): 54 - 74.

[15] Avolio B J, Zhu W C, Koh W, et al. Transformational leadership and organizational commitment: mediating role of psychological empowerment and moderating role of structuraldistance [J]. Journal of Organizational Behavior, 2004, 25 (8): 951 - 968.

[16] Bain, P. G., Mann L., Pirola, M. A. The innovation imperative:

the relationship between team climate, innovation, and performance in research and Development [J] . Small Group Research, 2001, 32 (1): 55 -73.

[17] Baker, William E, Sinkula J M. The synergistic effect of market orientation and learning orientation on organizational performance [J] . Journal of the Academy of Marketing Science, 1999, 27 (4): 411 -427.

[18] Barney, J. B. Stategic factor markers: Expectations, luck and business strategy. [J] Management Science, 1986 (42): 1231 -1241.

[19] Berthon P R, Hulbert J M, Pitt L F. Structuring Companies for Markets [J] . Financial Times, 1996, 16 (August): 8 -9.

[20] Berthon P R, Hulbert J M, Pitt L F. To Serve or Create! Strategic Orientations toward Customers and Innovation [J] . California Management Review, 1999, 42 (1): 37 -58.

[21] Berthon P R, Hulbert J M, Pitt L F. Organizing formore than Markets: A Conceptual Model and Preliminary Empirical Application [C] // Paper Presented at the Meetings of the AmericanMarketing Association, 1998.

[22] Block, P. The empowered manager: Positive political skills at work [M] . San Francisco: Jossey -Bass, 1987.

[23] CABLE D M, DERUE D S. The Convergent and Discriminant Validity of Subjective Fit Perceptions [J] . Journal of Applied Psychology, 2002, 87 (5): 875—884.

[24] Carmeli A, Schaubroeck J. How leveraging human resource capital with its competitive distinctiveness enhances the performance of commercial and public organization [J] . Human Resource Management, 2005, 44 (4): 391 -412.

[25] Catherine, A. R. & Ulrich, S. The roles of supervisory support behavior and environmentalpolicy in employee "eco -initiatives" at leading edge

European companies [J]. Academy of Management Journal, 2000, 43 (4): 605-626.

[26] CHATMAN J A. Matching People and Organization: Selection and Socialization in Public Accounting Firms [J]. Administrative Science Quarterly, 1991 (36): 459—484.

[27] Chow I H, Huang Jiachi, Liu Shanghai, Strategic HRM in China: Configurations and Competitive advantage [J]. Human Resource Management, 2008, 47 (4): 687-706.

[28] Christine S Koberg, et al., Antecedents and Outcomes of Empowerment [J], Group & Organization Management, 1999, 24 (1): 71-91.

[29] Conger, J. A., & Kanungo, R. N. The empowerment process: Integrating theory and practice [J]. Academy of Management Review, 1988, 13, 471-482.

[30] Dave Ulrich, Jon Younger, Wayne Brockbank, Mike Ulrich. HR from the outside in ——Six competencies for the future of Human Resources [M]. McGraw Hill, 2012.

[31] Dave Ulrich, Wendy Ulrich. The why of work [M]. McGraw Hill, 2010.

[32] Dave Ulrich, William A. Schiemann, Libby Sartain. The Rise of HR [M]. Alexandria: HR Certification Institute, 2015.

[33] DAVE ULRICH, NOM SMALLWOOD. 艾斐, 孟立慧, 张真译. 底线——通过人员与组织创造价值 [M]. 万卷出版社, 2004.

[34] DAVE ULRICH, NOM SMALLWOOD. KATE SWEETMAN, 陶娟译. 领导力密码 [M]. 中国人民大学出版社, 2011.

[35] David Ulrich, 钱峰, 译. 国际化的 HR [M]. 北京: 中国电力出版社, 2014.

[36] Deci E L, Ryan R M. The "what" and "why" of goal pursuits: Human needs andthe self – determination of behavior [J]. Psychological Inquiry, 2000, 11 (4): 227 – 269.

[37] Deci E, Koestner R, Ryan R. A meta – analytic review of experiments examining the effects of extrinsic rewards on intrinsic motivation [J]. Psychological Bulletin, 1999, 125: 627 – 688.

[38] Deci, E. L. & Ryan, R. M. Intrinsic Motivation and Self – determination in Human Behavior [M]. New York: Plenum, 1985.

[39] Deci, E. L. Intrinsic motivation [M]. New York: Plenum, 1975.

[40] Deci. E. L. Effects of externally mediated rewards on intrinsic motivation [J]. Journal of Personality and Social Psychology, 1971, 18: 105 – 115.

[41] Denison, Daniel R. What is the Difference Between Organizational Culture and Organizational Climate? A native's Point of View on a Decade of Paradigm Wars [J]. The Academy of Management Review, 1996, 21 (3): 619 – 654.

[42] Dennis Wat, et al. Equity and Relationship Quality Influences on Organizational Citizenship Behaviors [J]. Personnel Review, 2005, 34 (4): 406 – 425.

[43] Edwards, J. R. and D. A. Cable. The value of value congruence [J]. Journal of Applied Psychology, 2009, 94 (3): 654 – 677.

[44] Farr, J., Ford, C. "Individual innovation", in West, M., Farr, J. (Eds), Innovation and Creativity at Work [M]. John Wiley & Sons, Chichester, 1990.

[45] GERBEN S. VAN DER VEGT. Location – level links between diversity and innovative climate depend on national power distance [J]. Academy of Management Journal, 2005, 48 (6): 1171 – 1182.

［46］Gerd, Mietzel 著，张凤凤，金建，译. 心理学入门［M］. 北京：中央编译出版社，2011.

［47］Greguras, G. J. and J. M. Diefendorff. Different Fits Satisfy Different Needs: Linking Person – Environment Fit to Employee Commitment and Performance Using Self – determination Theory［J］. Journal of Applied Psychology, 2009, 94 (2): 465 – 477.

［48］Gupta A K, Raj S P, Wilemon D. A Model for Studying R&D – marketing Interface in the Product Innovation Process［J］. Journal of Marketing, 1986, 50 (2): 7 – 17.

［49］Hackman, J. R. & Lawler, E. E. Employee reactions to job characteristics［J］. Journal of Applied Psychology, 1971, 55: 259 – 286.

［50］Hackman, J. R., et al. Effects of changes in job characteristics on work attitudes and behaviors: A naturally occurring quasiexperiment［J］. Organizational Behavior and Human Performance, 1978, 21: 289 – 304.

［51］Han Jin K, Namwoon Kim, Rajendra K Srivastava. Market Orientation and Organizational Performance: Is Innovation a Missing Linking!［J］. Journal of Marketing, 1998, 62 (4): 30 – 45.

［52］Hancer M, George R T. Psychological empowerment of non – supervisory employees working in full – service restaurants［J］. Hospitality Management, 2003, 22: 3 – 16.

［53］Hart S, Jackson B K. Trait vs nontrait conceptualizations ofintrinsic/extrinsic motivational orientation［J］. Motivation and Emotion, 1992, 16: 209 – 230.

［54］Hayes, B. E. How to measure empowerment［J］. Quality – Progress, 1994, 27 (2): 41 – 46.

［55］Hult, G. M, Ketchen, D. J, Nichols E. L. Organizational learning as a strategic resource in supply management [J]. Journal of Operations Management, 2003, 21: 541-556.

[56] Hunter, S. T., Bedell, K. E, Mumford, M. D. Dimensions of creative climate: A generaltaxonomy [J]. The Korean Journal of Thinking & Problem Solving, 2005, 15 (2): 97-116.

[57] Hunter, S. T., Bedell, K. E., Mumford, M. D. Climate for creativity: a quantitative Review [J]. Creativity Research Joural, 2007, 9 (1): 69-90.

[58] Hurley R F, Hult T G. Innovation, Market Orientation and Organizational Learning an Lntegration and Empirical Examination [J]. Journal of marketing, 1998, 62 (7): 42-54.

[59] Jerome H. Want. Creating a Corporate Culture in Support of a Global Strategy. [J] International Executive, 1990: 40-42.

[60] JOHN J GABARRO, ROBET GOFFEE, LINDA A HILL, 曾贤刚, 宋程锦, 邹孝亮译. 新经理人的领导力 [M]. 中国人民大学出版社, 2003.

[61] Joyce S. Osland, Marlene E. Turner, David A. Kolb, Irwin M. Rubin, 顾文轩译. 组织行为学经典文献 [M]. 北京: 中国人民大学出版社, 2010: 435.

[62] KEVIN OAKES, PAT GALAGAN, editors foreword by TOM RATH. The Executive Guide to Integrated Talent Management [M]. ASTD Press, 2011.

[63] Kevin Zheng Zhou, ChiKin (Bennett) Yim, David K. The effects of strategic orientation son technology – and market based break through innovations [J]. Journal of Marketing, 2005, 69: 42-60.

[64] King N, Anderson N. Managing innovation and change: Acritical

guide for organizations. [M]. London: Thompson, 2002.

[65] Kleysen F R, Street C T. Toward a Multi-dimensional Measure on Individual Innovative Behavior [J]. Journal of Intellectual Capital, 2001, 3 (2): 284-296.

[66] Kodama F. Emerging Patterns of Innovation: Sources of Japan's Technological Edge [M]. Boston MA: Harvard Business School Press, 1995.

[67] KristofA L. Person-organization Fit: An Integrative Review of Its Conceptualizations, Measurement, andImplications [J]. Personnel Psychology, 1996, 49 (1): 1-49.

[68] KRISTOF-BROWN A L, ZIMMERMAN R D, JOHNSON E C. Consequences of Individuals' Fit at Work: A Meta-analysis of Person-job, Person-organization, Person-group, and Person-supervisor Fit [J]. Personnel Psychology, 2005 (58): 281-342.

[69] LANCE A BERGER, DOROTHY R. BERGER. The Talent Management handbook. [M]. McGraw Hill Press, New York: 2011.

[70] Liu Yi, Li Yuan, Wang Yingluo. The theory, analytical methods and application of strategic flexibility. [J] Remin University of China Press, 2005: 281-297.

[71] Loo R. Motivational orientations toward work: An evaluation of the workpreference inventory [J]. Measurement and Evaluation in Counseling and Development, 2001, 33 (4): 222-232.

[72] MANUEL LODON, STEPHEN A. STUMPF. Managing Careers. [M]. Addison-wesley Publishing company, 2002.

[73] Martyn. Pitt, Laurie McAulay, David Sims, Promoting Strategy Change Playmaker' roles in organizational agenda formation [J] Strategic Change, 2002 (11): 155-172.

[74] Oldham G R. Cummings A. Employee creativity: personal and contextual factors at work [J]. Academy of Management Journal, 1996, 39 (3): 607 – 634.

[75] Olson E. M., Slater S. F., Hult G. T. M. The Performance Implications of Fit among Business Strategy, Marketing Organization Structure, and Strategic Behavior [J]. Journal of Marketing, 2006, 69 (4): 49 – 65.

[76] O' REILLY C A, CHATMAN J A, CALDWELL D F. People and Organization Culture: A Profile Comparison Approach to Assessing People-Organization Fit [J]. Academy Of Management Journal, 1991, 34 (3): 487 – 516.

[77] Owers. 教育组织行为学 [M]. 武汉: 华中师范大学出版社, 1988.

[78] Peer C. Fiss and Edward J. Zajac. The Symbolic Management of Strategic Change : Sensegiving Via Framing and Decoupling [J]. Academy of Management Journal. 2006, 49 (6): 1173 – 1193.

[79] PETER FRANKLIN, SEBASTIAN HETZLER. Managing Performing Living – Effective Management for a new Era [M]. New York: Campus Verlag-Frankfut, 2006.

[80] Pinder C. Work motivation in organizational behavior [M]. NewJersey: Prentice – Hall, Inc. Asimon & Schuster Company. 1998.

[81] Porter M E. What Is Strategy? [J]. Harvard Business Review, 1996, 74 (6): 61 – 78.

[82] Ramamoorthy N, Flood P C., Slattery T. Determinants of innovative work behavior: development and test of anintegrated model [J]. Creativity and Innovation Management, 2005, 14 (2): 142 – 150.

[83] RESICK C J, BALTES B B, SHANTZ C W. Person – organization

Fit and Work – related Attitudes and Decisions: Examining Interactive Effects with Job Fit and Conscientiousness [J]. Journal of Applied Psychology, 2007, 92 (5): 1446 – 1455.

[84] RICHARD A SWANSON, ELWOODF. HOLTON, 陶娟译. 人力资源开发效果评估 [M]. 中国人民大学出版社, 2008.

[85] Robert C. Reardon, Janet G. Lenz, James P. Sampson, Jr, Gary W. Peterson, 侯志瑾译. 职业生涯发展与规划 [M]. 中国人民大学出版社, 2010.

[86] Schneider, B. Organizational climates: an essay [J]. Personnel Psychology, 1975, 28: 447 – 479.

[87] Schneider, B. The people make the place [J]. Personnel Psychology, 1987, 40, 437 – 453.

[88] Schneider, B. &Reichere, A. E. On the etiology of climates [J]. Personnel Psychology, 1983, 36, 19 – 39.

[89] Schwart. A Theory of Cultural Values and Some Implications for Work [J]. Applied Psychology: An International Review, 1999, 48 (1): 23 – 47.

[90] Scott G. Isaksen and Kenneth J. Lauer. Perceptions of the Best and Worst Climates for Creativity: Preliminary Validation Evidence for the Situational Outlook Questionnaire [J]. Creativity Research Journal, 2000, 13, (2): 171 – 184.

[91] Scott, G. M. The new age of new product development: are we there? [J]. R&D Management, 1998, 28 (4): 225 – 237.

[92] Scott, Susanne G, Bruce, Reginald A. Determinants of innovative behavior: A path model of individual innovation in the workplace [J]. Academy of Management Journal, 1994, 37 (3): 580 – 608.

[93] Scott S G, Bruce R A. Determinants of Innovative Behavior: A Pa

model of Individual in the Workplace [J]. Academy of Management Journal, 1994, 37 (3): 580-607.

[94] Seibert S E, Klaimer M L, Crant M J. What do proactive people do? a longitudinal model linking proactive personality and career success [J]. Personnel Psychology, 2001, 54: 845-874.

[95] Seibert S, Silver S R, Randolph W A. Taking empowerment to the next level: a multiple level of empowerment, performance, and satisfaction [J]. Academy of Management Journal, 2004, 47: 332-349.

[96] Shalley, C. E., Gilson, L. L., and Blum, T. C. Matching creativity requirements and the work environment: Effects on satisfaction and intentions to leave [J]. Academy of Management Journal, 2000, 43: 215-223.

[97] Shin Shung Jae. Zhou Jing, J. Transformational leadership, conservation, and creativity: Evidence from Korea [J]. Academy of Management Journal, 2003, 46 (6): 703-714.

[98] Siguaw Judy A., Simpson Penny A., Eng Cathy A. Conceptualizing Innovation Orientation: A Framework for Study and Integration of Innovation Research [J]. Journal of Production Innovation Management, 2006, 23 (6): 556-574.

[99] Simpson PM, Siguaw JA, Enz C A. Innovation orientation out comes : the good and the bad [J]. Journal of Business Research, 2006, 59: 1133-1141.

[100] Spreitzer, G. M. Social structural characteristics of psychological empowerment [J]. Academy of Management Journal, 1996, 39 (2): 483-504.

[101] Spreitzer, G. M., Kizilos, M. A. & Nason, S. W. A dimensional analysis of the relationship between psychological empowerment and effectiveness, satisfaction, and strain [J]. Journal of Management, 1997, 23, 679-704.

[102] Spreitzer, G. M. Psychological empowerment in the workplace: Dimensions, measurement, and validation [J]. Academy of Management Journal, 1995, 38, 1442-1465.

[103] Spreitzer, Gretchen M. Social structural characteristics of psychological empowerment [J]. Academy of Management Journal, 1996, 39 (2): 483-505.

[104] Spreizer, G. M. When organizations dare: the dynamics of individual empowerment inworkplace [M]. Unpublished doctoral dissertation, University of Michigan, 1992.

[105] Spreizer, G. M. Empowered to Lead: the Role of Psychological Empowerment in Leadership [J]. Journal of Organizational Behavior, 1999, 20, 511-526.

[106] STEPHEN P. ROBBINS. 管人的真理 [M]. 中信出版社, 2008.

[107] TERRY L. LEAP, LEAP MICHAEL D. CRINO. Personnel/Human Resource Management [M]. Mac Millan publishing company, 2003.

[108] Thomas, K. W. & Velthouse, B. A. Cognitive elements of empowerment: An "interpretive" model of intrinsic task motivation [J]. Academy of Management Review, 1990, 15, 666-681.

[109] Utterback J, Allen T J, Holloman J H, Sirbu M AJr. The Process of Innovation in Five Industries inEurope andJapan [J]. IEEE Transactions on EngineeringManagement, 1976, 23 (1): 3-9.

[110] Viktor Mayer-schoenberger, Kenneth Cukier, 盛杨燕, 周涛泽. 大数据时代 [M]. 浙江人民出版社, 2013

[111] West, M. & Farr, J. innovation at work: psychological perspectives [J]. Social Behavior, 1989, 4: 15-30.

[112] Zhou, J. When the presence of creative coworkers related to creativi-

ty: role of supervisory close – monitoring, developmental feedback, and creative personality [J]. Journal of AppliedPsychology, 2003, 88 (3): 416–422.

[113] Zhou, J. & George, J. M. When job dissatisfaction leads to creativity: encouraging the expression of voice [J]. Academy of Management Journal, 2001 (44): 682–696.

[114] Zimmerman, M. A. Psychological empowerment: Issues and illustrations [J]. American Journal of Community Psychology, 1995, 23, 581–599.

[115] Zirger B J, B J, Maididique M A A. A Model of New Product Development: An Empirical Test [J]. Management Science, 1990, 36 (7): 867–883.

[116] [德] 休·戴维森. 承诺：组织愿景与价值观管理 [M]. 廉晓红, 等译. 北京：中信出版社, 2004.

[117] [美] 科特, 赫斯克特. 企业文化与经营业绩 [M]. 李晓涛, 译. 北京：中国人民大学出版社, 2004.

[118] [美] 兰斯·A. 博格, [美] 多罗西·R. 博格式. 人才管理 [M]. 中国经济出版社, 2013.

[119] [美] 斯蒂芬·P. 罗宾斯. 组织行为学精要 [M]. 柯江华, 译. 北京：机械工业出版社, 2003.

[120] 包晓闻, 刘昆山. 企业核心竞争力经典案例 [M]. 经济管理出版社, 2005.

[121] 比尔·康纳狄, 拉姆·查兰. 刘勇军, 朱洁译. 人才管理大师——为什么聪明的管理者先培养人才再考虑绩效 [M]. 机械工业出版社, 2012.

[122] 彼得·德鲁克. 管理未来 [M]. 机械工业出版社, 2009.

[123] 彼得·德鲁克. 卓有成效的管理者 [M]. 机械工业出版社, 2009.

[124] 毕新华, 李建军. 创新驱动对经济发展的制度设计研究 [J]

学习与探索, 2015 (11): 82-84.

[125] 蔡启通, 高泉兴. 动机取向、组织创新气候与员工创新行为之关系: Amabile 动机综合效模型之验证 [J]. 管理评论, 2004, 21 (5): 571-592.

[126] 曾湘泉, 周禹. 薪酬激励与创新行为关系的实证研究 [J]. 中国人民大学学报. 2008 (5): 86-93.

[127] 陈迪. 组织气候、心理授权与科技人员工作态度的影响关系 [J]. 科学学与科学技术管理. 2008 (4): 195-200.

[128] 陈嗣成. 企业人力资源管理统计学 [M]. 中国劳动社会保障出版社, 2005.

[129] 陈威豪. 创造与创新氛围主要测量工具述评 [J]. 中国软科学, 2006 (7): 86-95.

[130] 陈卫旗, 王重鸣. 人—职务匹配、人—组织匹配对员工工作态度的效应机制研究 [J]. 心理科学. 2007, 30 (4): 979-981.

[131] 陈向东. 做最好的团队——打造卓越团队的九大黄金法则 [M]. 中信出版社, 2010.

[132] 陈学军, 章倩, 陈刚. 心理契约违背对组织公民行为的影响: 上级支持的中介作用 [J]. 人类工效学. 2011, 17 (02): 19-23.

[133] 陈志武. 24 堂财富课 [M]. 当代中国出版社, 2009.

[134] 陈志霞, 廖建桥. 组织支持感及其前因变量和结果变量研究进展 [J]. 人类工效学. 2006, 12 (01): 62-65.

[135] 谌新民, 刘中虎, 刘军勇. 员工激励成本收益分析 [M]. 广东经济出版社, 2005.

[136] 大卫·基弗, 黑格·纳班提恩, 杰伊·多尔蒂, 理查德·多尔蒂. 优势何在: 量化人力资本管理创造企业持久竞争力 [M]. 中信出版社, 2005.

[137] 丹海瑞格尔, 苏珊·E. 杰克逊, 小约翰·W. 斯洛卡姆. 杨振凯, 李康等译. 管理学基于能力的方法 [M]. 清华大学出版社, 2009.

[138] 杜娟. 人力资源经理胜任特征模型构建及影响因素分析 [M]. 复旦大学出版社, 2010.

[139] 杜鹏, 万后芬. 创新导向与市场导向的融合——一个实证研究 [J]. 管理科学, 2007, 20 (1): 64 - 74.

[140] 杜齐才. 价值与价值观念 [M]. 广东人民出版社, 1987.

[141] 杜映梅. 绩效管理 [M]. 对外经济贸易大学出版社, 2004.

[142] 符绍强. 国有产权交易博弈分析 [M]. 经济科学出版社, 2007.

[143] 葛玉辉, 饶启聪, 李东海. 招聘与录用管理实务 [M]. 清华大学出版社, 2012.

[144] 葛玉辉, 宋志强. 职业生涯规划管理实务 [M]. 清华大学出版社, 2011.

[145] 顾元勋. 人力资源主管与 ERP [M]. 清华大学出版社, 2006.

[146] 顾远东, 周文莉, 彭纪生. 组织创新氛围、成败经历感知对研发人员创新效能感的影响 [J]. 研究与发展管理, 2014 (5): 82 - 94.

[147] 郭京生, 潘立. 人员培训实务 [M]. 机械工业出版社, 2011.

[148] 国际人力资源管理研究院编委会. 从胜任到卓越——人力资源经理胜任素质模型 [M]. 机械工业出版社, 2005.

[149] 韩翼, 杨百寅. 真实型领导、心理资本与员工创新行为领导成员交换的调节作用 [J]. 管理世界, 2011 (12): 78 - 86.

[150] 洪银兴: 论创新驱动经济发展战略 [J]. 经济学家, 2013 (1): 5 - 11.

[151] 胡八一. 这样面试最有效——有效面试的十大方法 [M]. 人民邮电出版社, 2009.

[152] 胡婉丽. 知识型雇员创新行为意愿测量工具研究：量表开发、提炼与检验 [J] 科技进步与对策. 2013（30）：140-145.

[153] 惠特曼·M, 汉密尔顿·J. 价值观的力量 [M]. 吴振阳, 麻勇爱, 译. 北京：机械工业出版社, 2010.

[154] 杰克·J. 菲利普斯, 蒋龙琴, 江涛译. 寻找隐性收益——培训投资回报评估方法 [M]. 人民邮电出版社, 2004.

[155] 坎贝尔·R. 麦克南, 斯坦利·L. 布鲁, 大卫·A. 麦克菲逊, 刘文, 赵成美译. 当代劳动经济学 [M]. 人民邮电出版社, 2006.

[156] 柯惠新, 沈浩. 调查研究中的统计分析法 [M]. 中国传媒大学出版社, 2005.

[157] 拉蒙特·W. D. 价值判断 [M]. 马俊峰, 王建国, 王晓升, 译. 北京：中国人民大学出版社, 1989.

[158] 雷巧玲, 赵更申. 知识型员工个体特征对心理授权影响的实证研究 [J]. 科学学与科学技术管理. 2009（8）：182-185.

[159] 李超平, 李晓轩, 时勘等. 授权的测量及其与员工工作态度的关系. 心理学报, 2006, 38（1）：99-106.

[160] 李春艳, 黄丽丽. 基于组织认同的企业软实力模型构建 [J]. 学术交流, 2010（08）：74-78.

[161] 李德顺. 价值论 [M]. 北京：中国人民大学出版社, 1987.

[162] 李怀斌, 朱泳. 美国著名企业核心竞争力经典案例 [M]. 中国海关出版社, 2004.

[163] 李锐, 凌文辁, 方俐洛. 上司支持感知对下属建言行为的影响及其作用机制 [J]. 中国软科学, 2010（4）：106-115.

[164] 李锐, 凌文辁. 主管支持感研究述评及展望 [J]. 心理科学进展, 2008, 16（2）：340-347.

[165] 李昕. 面试成功的策略和技巧 [M]. 中国人事出版社, 2007.

[166] 李振龙, 刘国山. 在华韩资企业战略性人力资源管理的实证研究 [J]. 中国管理科学, 2010, 18 (2): 172-180.

[167] 廖泉文主编. 人力资源管理经典案例 [M]. 高等教育出版社, 2005.

[168] 林然. 德鲁克说管理 [M]. 北京理工大学出版社, 2012.

[169] 林新齐. 国际人力资源管理 [M]. 复旦大学出版社, 2003.

[170] 凌俐, 陆昌勤. 心理授权研究的现状 [J]. 心理科学进展, 2007, 15 (4): 652-658.

[171] 刘伟师, [美] 睿齐·威林思. 人才管理圣经 [M]. 上海远东出版社, 2013.

[172] 刘新民. 员工关系管理实务 [M]. 机械工业出版社, 2011.

[173] 刘云, 石金涛, 张文勤. 创新气氛的概念界定与量表验证 [J]. 科学学研究, 2009, 27 (2): 289-294.

[174] 刘云, 石金涛. 授权理论的研究逻辑——心理授权的概念发展 [J]. 上海交通大学学报 (哲学社会科学版). 2010, 18 (1): 54-59.

[175] 刘云, 石金涛. 组织创新气氛对员工创新行为的影响过程研究——基于心理授权的中介效应分析 [J]. 中国软科学. 2010 (3): 133-144.

[176] 刘云. 组织创新气氛对员工创新行为的影响过程研究 [D] 上海: 上海交通大学, 2010.

[177] 刘祯. 员工敬业度的概念、前因及后果: 一个理论框架 [J]. 管理学家, 2012, (9): 37-56.

[178] 刘祯, 徐梅鑫. 个人与组织契合对反生产力工作行为、员工的创造力和公司的财务绩效之影响 [J]. 管理学家, 2012, (2): 67-79.

[179] 刘祯. 个人—组织契合与反生产行为的关系研究 [D]. 广州: 华南理工大学, 2013.

[180] 卢小君,张国梁.工作动机对个人创新行为的影响研究[J].软科学,2007,21(6):124-127.

[181] 罗洪群,王青华,田义江.统计学基础[M].清华大学出版社,2011.

[182] 马庆国.管理统计——数据获取、统计原理、SPSS工具与应用研究[M].北京:科学出版社,2007.

[183] 牛雄鹰,马成功.员工任用(一)[M].对外经济贸易大学出版社,2004.

[184] 乔林.情商的力量[M].北京:电子工业出版社,2011.

[185] 任保平,郭晗.经济发展方式转变的创新驱动机制[J].学术研究,2013(2):69-75.

[186] 时立文.SPSS19.0统计分析从入门到精通[M].北京:清华大学出版社,2014.

[187] 史蒂芬,皮尔比姆,马乔里,科布纳基.康晓红,贺靖雯译.人力资源管理实务[M].经济管理出版社,2006.

[188] 宋典,袁勇志,张伟炜.创业导向对员工创新行为影响的跨层次实证研究——以创新氛围和心理授权为中介变量.科学学研究,2010,29(8):1266-1273.

[189] 苏格兰学历管理委员会.Business culture and strategy:Advanced.[M].中国时代经济出版社,2006.

[190] 孙健敏,王震.人与组织匹配对个体创新行为的影响[C].2009.

[191] 孙锐、张文勤、陈许亚.R&D员工领导创新期望、内部动机与创新行为研究[J]管理工程学报.2012(2).12-21.

[192] 孙艺.如何与下属沟通[M].北京大学出版社,2004.

[193] 孙宗虎.职业生涯规划管理实务手册[M].人民邮电出版社,2012.

[194] 唐军. 人格与人事决策理论——在人力资源管理中的应用 [M]. 首都经济贸易大学出版社, 2012.

[195] 陶莉. 企业组织设计和人力资源管理 [M]. 清华大学出版社, 2005.

[196] 涂辉文. 基于变革特征的组织学习与心理授权关系研究 [D]. 杭州: 浙江大学, 2010.

[197] 万君宝. 民族文化与企业文化 [M]. 江西人民出版社, 2003.

[198] 汪熙, 李慈雄. 企业文化: 排除企业成功的潜在障碍 [M]. 上海人民出版社, 1998.

[199] 王海龙. 面向不连续创新的科技创业企业成长路径研 [D]. 大连: 大连理工大学, 2007.

[200] 王璞. 新编人力资源管理咨询实务 [M]. 中信出版社, 2006.

[201] 王岐山. 坚持党的领导、依规管党治党、为全面推进依法治国提供根本保证 [N]. 人民日报, 2014-11-03.

[202] 王彦斌, 赵晓荣. 组织价值观契合与价值观建设 [J] 贵州大学学报, 2011 (3): 27-32.

[203] 王志乐. 软竞争力跨国公司的公司责任理念 [M]. 中国经济出版社, 2005.

[204] 王重鸣, 刘帮成. 技术能力与创业绩效: 基于战略导向的解释. 科学学研究, 2005, 23 (6): 765-771.

[205] 魏峰, 袁欣, 邱杨. 交易型领导、团队授权氛围和心理授权影响下属创新绩效的跨层次研究. 管理世界, 2009, 4: 135-142.

[206] 闻效仪. 人力资源管理的历史演变 [M]. 中国社会科学出版社, 2010.

[207] 吴晓云, 张峰. 关系资源对营销能力的影响机制: 顾客导向和创新导向的中介效应 [J]. 管理评论, 2014 (2): 58-68.

[208] 吴志明. 员工招聘与选拔实务手册 [M]. 机械工业出版社, 2002.

[209] 希拉·默里·贝瑟尔. 刘艳霞译. 领导者必备的8项素质 [M]. 电子工业出版社, 2010.

[210] 熊超群. 人才甄选与招聘实务 [M]. 广东经济出版社, 2003.

[211] 许正良. 管理研究方法 [M]. 长春: 吉林大学出版社, 2004.

[212] 薛靖, 谢荷锋. 知识转换能力、网络中心性对个人创新行为影响的研究 [J]. 技术经济. 2006, 25 (5): 85-88.

[213] 薛晴. 创意团队成员个人创新行为影响因素实证研究 [D] 杭州: 浙江大学, 2006.

[214] 薛求知, 廖勇凯. 国际人力资源管理教程 [M]. 复旦大学出版社, 2010.

[215] 杨百寅, 连欣, 马月婷. 中国企业组织创新氛围的结构和测量 [J]. 科学学与科学技术管理, 2013 (8): 43-55.

[216] 杨晶照, 杨东涛, 赵顺娣, 姜林娣, 秦伟平. "我是""我能""我愿"——员工创新心理因素与员工创新的关系研究 [J]. 科学学与科学技术管理, 2011, (4): 165-172.

[217] 杨明海. 人力资源能力成熟模型 [M]. 经济管理出版社, 2006.

[218] 余丽丹, 冯晓宪. 基于契合理论的企业招聘质量评价及提升 [J]. 经管空间. 2012 (2).

[219] 宇传华, 颜杰. Excel 与数据分析 [M]. 电子工业出版社, 2013.

[220] 张国才. 团队建设与领导 [M]. 厦门出版社, 2008.

[221] 张海涛, 龙立荣. 组织创新气氛影响因素研究综述 [J]. 科技管理研究, 2014 (7): 115-122.

[222] 张晓峰. 关键：智力资本与战略性重构 [M]. 中国经济出版社, 2006.

[223] 张志红, 王倩倩, 朱冽烈. 人才测评实务 [M]. 机械工业出版, 2011.

[224] 赵斌, 栾虹, 李新建, 毕小青, 魏津瑜. 科技人员主动创新行为：概念界定与量表开发 [J]. 科学学研究. 2014 (1): 148 – 157.

[225] 赵慧娟, 龙立荣. 个人—组织匹配与工作满意度——价值观匹配、需求匹配与能力匹配的比较研究 [J]. 工业工程与管理. 2009 (4): 117 – 121.

[226] 赵曙明. 人力资源管理案例点评 [M]. 浙江人民出版社, 2003.

[227] 郑安云, 宋波. 人才测评理论与方法 [M]. 清华大学出版社, 北京交通大学出版社, 2006.

[228] 郑伯埙, 郭建志, 任金刚. 组织文化：员工层次的分析 [M]. 台北：台湾远流出版社, 2001.

[229] 郑伯埙. 组织价值的上下契合度与组织成员个人的效能 [J]. 中华心理学刊, 1996, 37: 25 – 44.

[230] 郑晓明. 人力资源管理导论 [M]. 机械工业出版社, 2011.

[231] 周文成. 人力资源管理技术与方法 [M]. 北京大学出版社, 2011.

[232] 朱苏丽, 龙立荣. 员工创新工作行为的研究述评与展望 [J]. 武汉理工大学学报（信息与管理工程版）. 2009 (31): 1028 – 1032.

[233] 朱永新, 邵爱国, 刘润刚. 人力资源管理心理学 [M]. 人民教育出版社, 2011.